"博学而笃志，切问而近思。"
（《论语》）

博晓古今，可立一家之说；
学贯中西，或成经国之才。

复旦博学·复旦博学·复旦博学·复旦博学·复旦博学·复旦博学

主编简介

谢识予，男，1962年生。东南大学理学学士，复旦大学经济学博士。现为复旦大学世界经济系教授、博士生导师，复旦大学中国经济研究中心兼职研究员，全国经济对策论研究会（中国数量经济学会经济对策论分会）副理事长。主要教学和研究领域包括博弈论、计量经济学、西方经济学、经济增长理论和经济数学方法。近年来发表论文数十篇，出版专著和教材多部。获得上海市哲学社会科学优秀成果奖、安子介国际贸易研究奖和上海市普通高校优秀教材奖等。

博学·经济学系列
ECONOMICS SERIES

经济博弈论习题指南

谢识予 主编

参加编写人员
孙碧波　唐明哲　曾　健　谭慧慧

复旦大学 出版社

内容提要

本习题指南是为主编者所著《经济博弈论》(第二版)配套的习题参考解答。但本指南并不只局限于提供上述教材各章所附习题的答案,而是在提供教材习题之外还增加了两部分内容,一部分是概括教材各章重点内容的"本章要点",另一部分则是在教材习题以外增加的一些补充习题及其参考答案或解答提示。本指南给教材习题和补充习题中的大多数提供了参考答案,部分习题只有解答提示,少数既有解答提示,也有参考答案。虽然本习题指南是为上述《经济博弈论》教材配套编写,但其中的多数习题与教材内容有相对独立性,因此对使用其他教材的读者也有参考价值。

到本习题指南定稿为止,尚未见国内有其他博弈论习题或习题集出版,因此这是我国出版的第一本博弈论习题指南。由于作者水平和编写时间都有限,因此其中难免存在各种问题和缺陷。作者在此恳切希望读者多提宝贵意见,以利今后不断改进。

目 录

前 言 ··· 1
第一章 导论 ··· 1
   1.1 本章要点 ·· 1
   1.2 教材习题 ·· 3
   1.3 补充习题 ·· 12
第二章 完全信息静态博弈 ··· 17
   2.1 本章要点 ·· 17
   2.2 教材习题 ·· 21
   2.3 补充习题 ·· 33
第三章 完全且完美信息动态博弈 ··································· 53
   3.1 本章要点 ·· 53
   3.2 教材习题 ·· 56
   3.3 补充习题 ·· 65
第四章 重复博弈 ··· 85
   4.1 本章要点 ·· 85
   4.2 教材习题 ·· 89
   4.3 补充习题 ·· 95
第五章 有限理性和进化博弈 ·· 113
   5.1 本章要点 ·· 113
   5.2 教材习题 ·· 118
   5.3 补充习题 ·· 124
第六章 完全但不完美信息动态博弈 ······························· 133

6.1 本章要点 …………………………………………… 133
  6.2 教材习题 …………………………………………… 135
  6.3 补充习题 …………………………………………… 142
第七章 不完全信息静态博弈………………………………… 153
  7.1 本章要点 …………………………………………… 153
  7.2 教材习题 …………………………………………… 158
  7.3 补充习题 …………………………………………… 163
第八章 不完全信息动态博弈………………………………… 175
  8.1 本章要点 …………………………………………… 175
  8.2 教材习题 …………………………………………… 177
  8.3 补充习题 …………………………………………… 182

前　　言

　　自从《经济博弈论》第一版出版以来,使用该教材的许多教师和读者都希望作者提供习题答案或配套的习题指南,为此作者早在几年前就着手准备编写。后来由于教材再版后内容需要调整等原因,编写习题指南的工作被耽搁了下来。2002年初教材第二版出版以后,作者终于下决心集中了一段时间完成这项工作。这本习题指南的出版,既是完成作者自己数年来的一个心愿,同时也是向多年使用《经济博弈论》教材的教师和读者还愿。

　　本指南除了为配套的《经济博弈论》(第二版)所附习题提供参考答案以外,还增加了两部分内容,一部分是总结教材各章核心内容的本章要点,另一部分是一些补充习题及其参考答案、解答提示。增加这些内容的目的,自然是进一步帮助读者更好地理解和掌握教材中介绍的博弈论思想、原理和分析方法。作者希望这本习题指南既能给使用《经济博弈论》教材的教师提供方便,也可以进一步提高读者学习博弈论的兴趣和效率,提高应用博弈论的能力。

　　不过,虽然通过习题训练帮助读者进一步学好博弈论正是作者编写本习题指南的宗旨,但作者其实并不希望夸大解题训练的作用。博弈论的内容博大精深,有限数量的习题能够涵盖的终归只是其中的很少部分,因此能解一些习题与学好博弈论之间并不能简单地划等号。此外,在博弈问题中影响博弈方选择的因素其实很多,除了博弈结构以外,博弈方的理性能力和是否考虑风险态度等,都会影响博弈方的判断和行为,因此博弈问题并不总是存在简单明确的解,而是根据考虑角度和深度不同往往有不同的解,得到确定的解常常需要加上许多严格的限定,但这时博弈解的意义就很小了。因为上述这些原因,作者希望读者在博弈分析中能够淡化求解的思路,强调分析的思想,更不要为了解题而解题。

进一步,因为只有准确提出问题分析才有意义,只有建立合理的模型分析才能有效,因此无论是在博弈论的理论分析还是应用分析中,更重要的都是提出问题和建立模型,而不是解答问题和分析模型。这也是读者应该注意的。

本指南中分析介绍的习题主要来源于这样几方面:一是根据教材内容改编而成;二是改编自其他博弈论教材(主要是《经济博弈论》第二版参考文献中列出的教材)的习题和例题;三是根据掌握各章原理和分析方法的需要,以及各种社会经济中的现实问题等构思设计的。

在本习题指南的编写过程中,唐明哲、曾健、谭慧慧和孙碧波参与了部分工作。其中习题谭慧慧参加了第二、三章部分习题的编解;唐明哲、曾健参加了第四、六、七、八章部分习题的编解;孙碧波则参加了大部分章节习题的校对演算。本指南的出版得到了复旦大学重点课程建设计划和学科建设计划的支持,也得到了复旦大学出版社的大力支持,在此一并表示感谢。

虽然本指南的所有习题及解答都经过作者的反复斟酌和分析,但问题和缺陷肯定还是难免的。对此希望读者谅解并提出批评意见,作者将认真加以改正。

编者
2003.1.1

第一章 导　论

1.1 本章要点

1. 博弈可以直白定义为"一些个人、队组或其他组织,面对一定的环境条件,在一定的规则下,同时或先后,一次或多次,从各自允许选择的行为或策略中进行选择并加以实施,各自取得相应结果的过程"。从本质特征角度博弈可以理解为存在策略依存性的决策问题。

2. 博弈论是系统研究各种博弈问题,寻求博弈方合理的策略选择和合理选择策略时博弈的结果,并分析结果的经济、效率意义的理论和方法。博弈论既是一种决策理论,也是一种经济分析工具。博弈论既能揭示各种相关经济现象背后的内在规律,也能使我们对经济活动中人们的行为规律有更深刻的认识。博弈论既有一定的发展历史,也是充满活力的发展中的经济学前沿学科,在现代经济学中有非常重要的地位。

3. 博弈模型有下列要素:(1) 博弈方。即博弈中决策并承担结果的参与者,包括个人或组织等。(2) 策略。即博弈方决策、选择的内容,包括行为取舍、经济活动水平或多种行为的特定组合等。各博弈方的策略选择范围称策略空间。每个博弈方各选一个策略构成一个策略组合。(3) 博弈过程。各博弈方策略选择和行为的顺序及反复博弈的规则等。关键是自己选择时能否观察到其他博弈方的选择。(4) 得益。各策略组合对应的各博弈方获得的数值结果,可以是经济利益,也可以是非经济利益折算的效用等;(5)信息。博弈方对得益和博弈过程信息的掌握情况或程度;(6)理性基础。博弈方的行为选择是以个体理性还是集体理性为基础,以及博弈方有完美的理性还是有理性局限等。这些方面都是设定博弈模型时需要确定的重要问题。

4. 以上述要素为根据博弈模型可分成多种类型:(1)根据理性和行为逻辑差别分为非合作博弈和合作博弈;(2)根据理性程度分为完全理性博弈和有限理性博弈,前者包括博弈论的大部分内容,后者是较新的进化博弈论分支;(3)根据博弈过程不同分为静态博弈、动态博弈和重复博弈;(4)根据博弈方对得益信息的掌握情况分为完全信息和不完全信息博弈,在动态博弈中根据对博弈进程信息的掌握分为完美信息和不完美信息动态博弈;(5)根据博弈方数量分为单人博弈、两人博弈和多人博弈;(6)根据策略数量分为有限博弈和无限博弈;(7)根据得益特征分为零和博弈、常和博弈和变和博弈。上述分类的前四种更加重要,因为博弈论的理论结构以它们为基础,后三种主要是对博弈的表示、分析方法选择和归纳一般结论等有用。

5. 博弈方较少的有限博弈通常可以用得益矩阵或扩展形表示,其中静态博弈通常用得益矩阵,动态博弈常用扩展形。对于信息不完全和不完美的博弈则可通过多节点信息集反映。无限博弈或博弈方较多的博弈通常用描述策略空间和得益函数的方法表示。

6. 囚徒的困境是塔克(Tucker)1950年提出的一个犯罪学方面的经典博弈问题,实际上在市场竞争的各个领域和方面,在资源利用和环境保护,以及政治、军事和法律等许多领域,都存在类似的博弈问题。这个博弈模型在理论上很好地反映了博弈问题的根本特征。在应用方面则对解释个体理性和集体理性之间的差异,解释多种经济现象的内在根源,揭示分散决策的低效率等,都有重要的作用。这个博弈模型提出后引发了大量的相关研究,对博弈论的发展起了不小的推动作用。
7. 齐威王田忌赛马是我国古代著名的谋略问题,根据这个问题构造的两人不对称静态博弈是典型的零和博弈问题。这个博弈模型不仅生动有趣,也包含深刻的哲学思想和对人们在决策方面很强的启发性。
8. 猜硬币和石头·剪子·布都是在世界范围内广泛流传的,常被人们用来赌胜负争先机的经典游戏,它们也都是经典的两人零和博弈问题。这两个博弈与齐威王田忌赛马以及猜硬币博弈异曲同工,既简单又包含深刻的哲理。
9. 古诺1838年关于寡头之间产量竞争的博弈模型,是博弈论历史上被引用最多的早期经典文献,也是博弈论最经典的例子之一。古诺模型有离散产量、连续产量、一次性博弈、重复博弈、完全信息博弈、不完全信息博弈,以及不同厂商数量等多种不同的情况。甚至动态博弈中的斯塔克博格模型也可以看作古诺模型的扩展。不管是连续产量还是离散产量,两人博弈还是多人博弈,古诺模型通常也是囚徒的困境型的博弈。由于现实中寡头市场非常普遍,而产量决策又是厂商决策最主要的内容,因此古诺模型在现实经济中的例子比比皆是。国际经济中石油输出国组织的限额和突破问题就是古诺模型最经典的例子之一。

1.2 教材习题

1. 什么是博弈?博弈论的主要研究内容是什么?
参考答案:
博弈可以用下述方式定义:"博弈即一些个人、队组或其他组织,面对一定的环境条件,在一定的规则下,同时或先后,一次或多次,从各自允许选择的行为或策略中进行选择并加以实施,各自取得相应结果的过程"。一个博弈必须包含博弈方、策略空间、博弈的次序和得益(函数)这几个基本的方面。信息结构、博弈方的行为逻辑和理性层次等其实也是博弈问题隐含或者需要明确的内容。

博弈论是系统研究可以用上述方法定义的各种博弈问题,寻求在各博弈方具有充分或者有限理性、能力的条件下,合理的策略选择和合理选择策略时博弈的结果,并分析这些结果的经济意义、效率意义的理论和方法。

2. 设定一个博弈模型必须确定哪几个方面?
参考答案:

设定一个博弈必须确定的方面包括:(1) 博弈方,即博弈中进行决策并承担结果的参与者;(2) 策略(空间),即博弈方选择的内容,可以是方向、取舍选择,也可以是连续的数量水平等;(3) 得益或得益函数,即博弈方行为、策略选择的相应后果、结果,必须是数量或者能够折算成数量;(4) 博弈次序,即博弈方行为、选择的先后次序或者重复次数等;(5) 信息结构,即博弈方相互对其他博弈方行为或最终利益的了解程度;(6) 行为逻辑和理性程度,即博弈方是依据个体理性还是集体理性行为,以及理性的程度等。如果设定博弈模型时不专门设定后两个方面,就是隐含假定是完全、完美信息和完全理性的非合作博弈。

3. 举出烟草、餐饮、股市、房地产、广告、电视等行业的竞争中策略相互依存的例子。
参考答案:

烟草厂商新产品开发、价格定位的效果,常常取决于其他厂商、竞争对手的相关竞争策略。例如某卷烟厂准备推出一种高价极品烟,该计划能否成功常取决于其他厂商是否采取同样的策略。如果其他厂商也推出高价极品烟,而且档次、宣传力度比前者还要高、要大,那么前者的计划成功的难度就很大,但如果没有其他厂商推出同类产品,则前述某厂商的计划成功的可能性就很大。

　　房地产开发企业在选址、开发规模、目标客户定位等方面,也常常存在相互制约的问题。例如一个城市当时的住房需求约10 000平方米,如果其他厂商已经开发了8 000平方米,那么你再开发5 000平方米就会导致供过于求,销售就会发生困难,但如果其他厂商只开发了不到5 000平方米,那么你开发5 000平方米就是完全合理的。

　　读者可进一步给出更多例子,并考虑建立这些博弈问题的详细模型并加以讨论。

4. "囚徒的困境"的内在根源是什么？举出现实中囚徒的困境的具体例子。

参考答案：

　　"囚徒的困境"的内在根源是在个体之间存在行为和利益相互制约的博弈结构中,以个体理性和个体选择为基础的分散决策方式,无法有效地协调各方面的利益,并实现整体、个体利益共同的最优。简单地说,"囚徒的困境"问题都是个体理性与集体理性的矛盾引起的。

　　现实中"囚徒的困境"类型的问题是很多的。例如厂商之间的价格战、恶性的广告竞争,初等、中等教育中的应试教育等,其实都是"囚徒的困境"博弈的表现形式。

5. 博弈有哪些分类方法,有哪些主要的类型？

参考答案：

　　首先可根据博弈方的行为逻辑,是否允许存在有约束力协议,分为非合作博弈和合作博弈两大类。

其次可以根据博弈方的理性层次，分为完全理性博弈和有限理性博弈两大类，有限理性博弈就是进化博弈。

第三是可以根据博弈过程分为静态博弈、动态博弈和重复博弈三大类。

第四是根据博弈问题的信息结构，根据博弈方是否都有关于得益和博弈过程的充分信息，分为完全信息静态博弈、不完全信息静态博弈、完全且完美信息动态博弈、完全但不完美信息动态博弈和不完全信息动态博弈几类。

第五是根据得益的特征分为零和博弈、常和博弈和变和博弈。

第六是根据博弈中博弈方的数量，可将博弈分为单人博弈、两人博弈和多人博弈。

第七是根据博弈方策略的数量，分为有限博弈和无限博弈两类。

6. 博弈论在现代经济学中的作用和地位如何？为什么？

参考答案：

博弈论为现代经济学提供了一种高效率的分析工具。博弈论在分析存在复杂交互作用的经济行为和决策问题，以及由这些经济行为所导致的各种社会经济问题和现象时，是非常有效的分析工具。与其他经济分析工具相比，博弈论在分析问题的广度和深度，在揭示社会经济现象内在规律和人类行为本质特征的能力方面，都更加有效和出色。正是因为这些特点，博弈论的产生和发展引发了一场深刻的经济学革命，使得现代经济学从方法论，到概念和分析方法体系，都发生了很大的变化。

博弈论既是现代经济学的重要分支，也是整个现代经济学，包括微观经济学、宏观经济学等基础理论学科，以及产业组织理论、环境经济学、劳动经济学、福利经济学、国际贸易等应用经济学科，共同的核心分析工具。不懂博弈论就等于不懂现代经济学。20世纪90年代中期以来博弈论领域的经济学家已经三次获得经济学诺贝尔奖,包括1994年的纳什(Nash)、海萨尼(J. Harsanyi)和塞尔顿(R. Selten),1996年的莫里斯(James A. Mirrlees)和维克瑞(William Vickrey),2001年的阿克洛夫(Akerlof)、斯潘斯(Spence)、斯蒂格利兹(Stiglitz)。

博弈论在经济学中的地位上升这么快,首先是因为现代经济中经济活动的博弈性越来越强,因此只有用博弈论的思想和研究方法才能有效地进行研究。其次是因为信息经济学发展的推动,因为博弈论是信息经济学最主要的理论基础。第三是博弈论本身的方法论比较科学严密,因此结论可信度很高,揭示社会经济事物内在规律的能力比一般经济理论更强。

7. 博弈论的发展前景如何?

参考答案:

无论是从社会经济发展的客观要求,还是从经济学理论发展本身的规律来看,博弈论都有很大的发展前途。

首先,博弈理论本身具有优美深刻的本质魅力,新的分析工具和应用领域的不断发现,以及博弈论价值得到越来越充分的认识,不断吸引大量学者加入学习、研究和应用博弈论的队伍。这是博弈论继续向前发展的根本基础和保证。

其次,在博弈规则的来源、博弈方的行为模式和理性等基础理论方面,博弈论还存在不少没有很好解决的问题,有待进一步研究和解决。这正是博弈论未来发展的动力所在。

第三,金融、贸易、法律等领域不断提出新的博弈论应用课题,这些应用问题和成果与博弈理论的发展之间形成了一种相互促进的良性循环。这也是今后博弈论进一步发展的巨大动力。

第四,当前合作博弈理论发展相对落后,这个领域有很大的发展潜力,很可能会孕育出引发经济学新革命的重大成果。非合作博弈和合作博弈理论的重新相互融合,也可能给博弈论的发展提出新的方向和课题。

8. 博弈论在当前我国的经济体制改革和市场经济建设中有哪些可应用的地方?

参考答案:

博弈论在我国经济体制改革和市场经济建设中可应用的地方很多,下面给出其中比较重要的几个领域。

(1) 市场经济条件下政府不能用计划和行政命令的方法调控经济,只能通过市场方法加以影响,而且必须考虑企业和地方等的反应(即通常所说的"上有政策,下有对策")。因此,政府必须要有博弈的意识和运用博弈的思路,才能对经济实现稳健的调控,否则效果与政策之间会有很大的偏差。

(2) 博弈论可揭示市场经济的规律,给政府的经济管理提供有益启示。如博弈论可以揭示经济竞争中频繁爆发恶性商战的根源,是企业或者地方之间存在囚徒的困境问题,而且分散决策的厂商自身无法解决这种问题。这就为政府对企业或地方的行为加以适当限制,调整企业和地方的利益来源,从而避免不良竞争和提高经济效率等,提供了依据和方法。

(3) 在我国经济体制改革和国有企业管理体制改革中,委托人—代理人理论和激励机制设计原理有很大的应用价值。我国经济体制改革和国有企业改革的核心问题,是如何调整各方面的利益关系和调动职工和经营者的积极性和责任心,由于代表人民拥有国有资产的国家和代表国家行使国有资产监管职责的政府机构,对国有企业经营者和职工的工作情况只有不完全的监督,因此其中存在一种典型的信息不完全的委托人—代理人博弈关系,这种博弈问题的分析方法和结论在这方面有很大的用武之地。

(4) 我国处于社会主义市场经济建设的初级阶段,市场秩序还没有很好建立,在经济活动中利用信息不对称搞欺诈活动的现象经常发生,严重侵害消费者和正当经营厂商的权益,并且危及市场机制的正常运作。要有效防止这种现象的发生和泛滥,政府管理机构等可以运用不完全信息博弈理论、信息经济学中的相关理论和方法,找出克服这些问题,维护好市场秩序,提高经济活动效率的办法。

(5) 对于企业经营者来说,在价格和产量决策、经济合作和经贸谈判、引进和开发新技术或新产品、参与投标拍卖、处理劳资关系,以及在与政府的关系和合作等众多方面,博弈论都是十分有效的决策工具。囚徒的困境和激励的悖论等众多博弈论的模型或命题,又为企业经营者揭示了众多经济、经营活动的内在规律。企业经营者利用这些工具可以大大提高经济决策的效率。

(6) 不完全信息博弈论也可以揭示教育制度在市场经济中特殊的信号机制作用,这对我们正确认识教育在市场经济条件下的功能、作用和地位,对各级各类教育正确定位和准确把握教育制度改革的方向和目标等都有重要的指导意义。

其他如"三农"问题、发展战略选择、对外经济关系和贸易发展战略、金融体制改革、中央和地方经济关系、劳动力市场和人力资本投资、营销策略等宏观微观具体问题,也都可以用博弈论进行研究。读者可以自己尝试讨论一些问题并提炼出博弈模型。

9. 你正在考虑是否投资 100 万元开设一家饭店。假设情况是这样的:你决定开,则 0.35 的概率你将收益 300 万元(包括投资),而 0.65 的概率你将全部亏损掉;如果你不开,则你能保住本钱但也不会有利润。请你(a)用得益矩阵和扩展形表示该博弈。(b)如果你是风险中性的,你会怎样选择? (c)如果成功概率降到 0.3,你怎样选择? (d)如果你是风险规避的,且期望得益的折扣系数为 0.9，你的策略选择是什么？(e)如果你是风险偏好的，期望得益折算系数为 1.2，你的选择又是什么？

参考答案：

(a) 根据问题的假设，该博弈的得益矩阵和扩展形表示分别如下：

	自	然
	赚(35%)	亏(65%)
我 开	300	0
不开	100	100

(b) 如果我是风险中性的，那么根据开的期望收益与不开收益的比较：

$$0.35 \times 300 + 0.65 \times 0 = 105 > 100$$

肯定会选择开。

(c) 如果成功的概率降低到 0.3，那么因为这时候开的期望收益与不开的收益比较：

$$0.30 \times 300 + 0.70 \times 0 = 90 < 100$$

因此会选择不开，策略肯定会变化。

(d) 如果我是风险规避的，开的期望收益为：

$$0.9 \times (0.35 \times 300 + 0.65 \times 0) = 0.9 \times 105 = 94.5 < 100$$

因此也不会选择开。

(e) 如果我是风险偏好的，那么因为开的期望收益为：

$$1.2 \times (0.35 \times 300 + 0.65 \times 0) = 1.2 \times 105 = 126 > 100$$

因此这时候肯定会选择开。

10. 一逃犯从关押他的监狱中逃走,一看守奉命追捕。如果逃犯逃跑有两条可选择的路线,看守只要追捕方向正确就一定能抓住逃犯。逃犯逃脱可少坐 10 年牢,但一旦被抓住则要加刑 10 年;看守抓住逃犯能得 1 000 元奖金。请分别用得益矩阵和扩展形表示该博弈,并作简单分析。

参考答案:

首先需要注意的是,在该博弈中两博弈方的得益单位不同,逃犯得到的是增加或者减少的刑期(年),而看守得到的则是奖金(元),因此除非先利用效用概念折算成相同的单位,否则两博弈方的得益相互之间不能比较和加减。

直接采用单位不同的得益,该博弈的得益矩阵如下:

		看守	
		路线一	路线二
逃	路线一	−10, 1 000	10, 0
犯	路线二	10, 0	−10, 1 000

该博弈的扩展形表示如下:

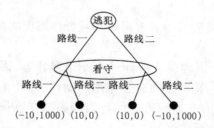

根据上述得益矩阵和扩展形不难清楚,该博弈中两博弈方的利益是对立的。虽然由于两博弈方得益的单位不同,相互之间得益无法相加,因此无法判断是否为零和博弈,但两博弈方关系的性质与猜硬币等博弈相同,也是对立的。因此,该博弈同样没有两博弈方都愿意接受的具有稳定性的策略组合,两博弈方最合理的策略都是以相同的概率随机选择路线。

1.3 补充习题

1. 判断下列论述是否正确,并作简单分析。
(1) 单人博弈就是个人最优化决策,与典型的博弈问题有本质区别。
(2) 博弈方的策略空间必须是数量空间,博弈的结果必须是数量或者能够数量化。
(3) 囚徒的困境博弈中两个囚徒之所以会处于困境,无法得到较理想的结果,是因为两囚徒都不在乎坐牢时间长短本身,只在乎不能比对方坐牢的时间更长。
(4) 因为零和博弈中博弈方之间的关系都是竞争性的、对立的,因此零和博弈就是非合作博弈。
(5) 凡是博弈方的选择、行为有先后次序的一定是动态博弈。
(6) 多人博弈中的"破坏者"会对所有博弈方的利益产生不利影响。
(7) 合作博弈就是博弈方采取相互合作态度的博弈。

参考答案:
(1) 正确。因为单人博弈只有一个博弈方,因此不可能存在博弈方之间行为和利益的交互作用和制约,因此实际上就是个人最优化决策,与存在博弈方之间行为和利益交互作用和制约的典型博弈问题有本质的区别。

(2) 前半句错误,后半句正确。博弈方的策略空间不一定是数量空间,因为博弈方的策略除了可以是数量水平(如产量、价格等)以外,也可以是各种定性的行为取舍和方向选择,甚至也可能是各种函数或者其他更复杂的内容。但一个博弈的结果必须是数量或者可以数量化,因为博弈分析只能以数量关系的比较为基础。

(3) 错误。结论恰恰相反,也就是囚徒的困境博弈中两囚徒之所以处于困境,根源正是因为两囚徒很在乎坐牢的绝对时间长短。此外,我们一开始就假设两囚徒都是理性经济人,而理性经济人都是以自身的(绝对)利益,而不是相对利益为决策目标的。

(4) 错误。虽然零和博弈中博弈方的利益确实是对立的,但非合作博弈的含义并不是博弈方之间的关系是竞争性的、对立的,而是指博弈方是以个体理性、个体利益最大化为行为的逻辑和依据,是指博弈中不能包含有约束力的协议。

(5) 错误。其实并不是所有选择、行为有先后次序的博弈问题都是动态博弈。例如两个厂商先后确定自己的产量,但只要后确定产量的厂商在定产之前不知道另一厂商定的产量是多少,就是静态博弈问题而非动态博弈问题。

(6) 错误。多人博弈中的"破坏者"对博弈方的利益是否有影响和影响方向是不确定的。事实上,正是因为这种不确定性才被视为"破坏者"。这种"破坏者"实质上是指对博弈分析造成破坏,而不是对博弈方的利益造成破坏,因此肯定会受到不利影响的是博弈分析者而不是博弈方。

(7) 不正确。合作博弈在博弈论中专门指博弈方之间可以达成和运用有约束力协议限制行为选择的博弈问题,与博弈方的态度是否合作无关。

2. 博弈与游戏有什么关系?

参考答案:

现代博弈论和经济学中的博弈通常指人们在经济、政治、军事等活动中的策略选择,特别是在有各种交互作用、策略互动条件下的策略选择和决策较量。游戏则是指日常生活中的下棋打牌、赌胜博彩,以及田径、球类等各种体育比赛。因此博弈和游戏之间当然是有明显差别的。但博弈和游戏之间其实也有重要的联系,因为博弈与许多游戏之间在本质特征方面有相同的特征:(1) 都有一定的规则;(2) 都有能用正或负的数值表示,或能按照一定的规则折算成数值的结果;(3) 策略至关重要;(4) 策略和利益有相互依存性。正是因为存在这些共同的本质特征,因此从研究游戏规律得出的结论可用来指导经济政治等活动中的决策问题,或者把这些决策问题当作游戏问题研究。因此博弈在一定程度上可以理解成就是游戏。其实"博弈"的英文名称"Game"的基本意义就是游戏。

3. 你认为博弈论的历史应该从什么时候算起?为什么?

参考答案:

冯·诺伊曼和摩根斯坦 1944 年出版的《博弈论和经济行为》(*Theory of Games and Economic Behavior*),应该被看作是博弈论历史的起点。因为虽然博弈思想是人类早就在社会经济实践中运用的古老智慧,有文献记载的最早博弈思想至少可追溯到 2 000 多年前我国古代的"齐威王田忌赛马",现代经济学和博弈论经常引述的包含典型博弈思想的最早文献是古诺 1838 年的寡头产量竞争模型,对博弈问题较系统密集的研究是 20 世纪初齐默罗(Zermelo)和波雷尔(Borel)对象棋博弈等的研究,但这些工作都没有发展出系统的博弈论理论体系,也没有使博弈论的思想不再被忘却和有越来越多追随者,因此它们都不应该算博弈论的起点。冯·诺伊曼和摩根斯坦的《博弈论和经济行为》则不同。该书不仅正式提出了创造博弈论一般理论的主意,在总结以往成果的基础上给出了博弈论的一般框架、概念术语和表述方法,提出了较系统的博弈理论,而且改变了博弈论主要由数学家研究的局面,推动博弈论融入了现代经济学体系,并且此后再也没有被遗忘过。正是因为这些原因,诺伊曼和摩根斯坦《博弈论和经济行为》的出版,应该被认为是博弈论初步形成的标志和历史的起点。

第一章 导　论

4. 对于教材 1.2.3 中三个厂商离散产量的古诺模型，你认为三个厂商或其中部分厂商可以采取哪些措施方法争取实现更大的利益？

参考答案：

第一种有用的措施是改变三个厂商分散决策的局面，通过订立有强制性、约束力的协议，限制各自的产量，把总产量控制在垄断产量 10 单位的水平，以维持较高的价格 11 和实现最大利润的目的。这时候实际上是把非合作博弈问题转化成了合作博弈问题。这种措施需要三个厂商之间能够协调立场，达成可靠的协议，事实上就是建立一种紧密的联盟关系。这种措施的奏效当然是有条件的，包括国家法律政策的许可和厂商的协调能力等。

第二种措施或办法是其中的一个或两个厂商吞并、收购其他厂商，从而减少厂商的数量，降低决策的分散程度。这种方法同样能够有效控制总产量和实现最大利润。当然，这种措施是否能够成功也取决于政策、市场等多方面的因素和环境条件，如果缺乏条件或成本太高就不一定可行。

5. 一个工人给一个老板干活，工资标准是 100 元。工人可以选择是否偷懒，老板则选择是否克扣工资。假设工人不偷懒有相当于 50 元的负效用，老板想克扣工资则总有借口扣掉 60 元工资，工人不偷懒老板有 150 元产出，而工人偷懒时老板只有 80 元产出，但老板在支付工资之前无法知道实际产出，这些情况是双方都知道的。请问

(1) 如果老板完全能够看出工人是否偷懒，博弈属于哪种类型？用得益矩阵或扩展形表示该博弈并作简单分析。

(2) 如果老板无法看出工人是否偷懒，博弈属于哪种类型？用得益矩阵或扩展形表示并简单分析。

参考答案：

(1) 由于老板在决定是否克扣工资前可以完全清楚工人是否偷懒,因此这是一个动态博弈,而且是一个完全信息的动态博弈。此外,由于双方都有关于得益的充分信息,因此这是一个完全且完美信息的动态博弈。该博弈用扩展形表示如下:

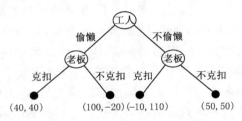

根据上述得益情况可以看出,在该博弈中偷懒对工人总是有利的,克扣对老板也总是有利的,因此在双方都只考虑自己的利益最大化的情况下,该博弈的通常结果应该是工人偷懒和老板克扣。

(2) 由于老板在决定是否克扣工资之前无法清楚工人是否偷懒,因此该博弈可以看作静态博弈。由于双方仍然都有关于得益的充分信息,因此是一个完全信息的静态博弈。该博弈用得益矩阵表示如下:

		老板	
		克扣	不克扣
工	偷懒	40,40	100,−20
人	不偷懒	−10,110	50,50

其实,根据该得益矩阵不难得到与上述动态博弈同样的结论,仍然是工人会选择偷懒和老板会选择克扣。这个博弈实际上与囚徒的困境是相似的。

第二章 完全信息静态博弈

2.1 本章要点

1. 完全信息静态博弈的基本特征是各博弈方同时选择策略,并且各博弈方有关于得益的充分信息。其中同时选择并不是强调时间上的同步,关键是博弈方在自己选择之前不能知道其他博弈方的策略。完全信息静态博弈是最基本的博弈类型,在社会经济活动中广泛存在。动态博弈、重复博弈、不完全信息和进化博弈等都是完全信息静态博弈某种形式的扩展,完全信息静态博弈分析是多数博弈分析的基础。

2. 完全信息静态博弈一般可表示为 $G = \{S_1, \cdots, S_n; u_1, \cdots, u_n\}$。其中 G 表示一个博弈,n 是博弈方个数,$S_1, \cdots, S_n$ 表示各博弈方的策略空间($S_{ij} \in S_i$ 表示博弈方 i 的第 j 个策略),u_i 表示博弈方 i 的得益,u_i 是各博弈方策略的多元函数。

3. 博弈分析的基础也是决策问题,通过排除和筛选的方法找出博弈方的最优策略、策略组合,是完全信息静态博弈分析的基本思路。严格下策反复消去法、划线法、箭头法和反应函数法等,都是完全信息静态博弈分析的基本方法。这些分析找出的具有稳定性的最优策略组合就是纳什均衡或者上策均衡,其中纳什均衡是完全信息静态博弈分析和整个非合作博弈理论最核心的分析概念。

4. 在博弈 $G = \{S_1, \cdots, S_n; u_1, \cdots, u_n\}$ 中,如果策略组合 $(s_1^*,$

$\cdots$, s_n^*)中任一博弈方 i 的策略 s_i^*,都是对其余博弈方策略组合 (s_1^*, $\cdots$, s_{i-1}^*, s_{i+1}^*, $\cdots$, s_n^*) 的最佳对策,也即 $u_i(s_1^*$, $\cdots$, s_{i-1}^*, s_i^*, s_{i+1}^*, $\cdots$, $s_n^*) \geqslant u_i(s_1^*$, $\cdots$, s_{i-1}^*, s_{ij}, s_{i+1}^*, $\cdots$, s_n^*) 对任意 $s_{ij} \in S_i$ 都成立,则(s_1^*, $\cdots$, s_n^*)称为 G 的一个"纳什均衡"。纳什均衡的实质是"给定你的策略,我的策略是最优的,给定我的策略,你的策略也是最优的"。纳什均衡具有一致预测性和普遍存在性(包括混合策略)两个重要性质,这两个性质正是它在博弈分析中核心地位的主要保证。

5. 如果将上述纳什均衡定义中的不等号改成严格不等号,则策略组合称为"严格的纳什均衡"。相对于严格的纳什均衡,上面定义的纳什均衡可称"不严格的"或"弱劣的"。严格的纳什均衡与一般纳什均衡在性质上有很大的差别,主要是没有普遍存在性,因此价值要低得多。此外,纳什均衡还有其他不少近似概念,如 ϵ-纳什均衡等,它们同样不如一般纳什均衡的意义重要。

6. 纳什均衡的一致预测性是指这样一种性质:如果所有博弈方都预测特定的博弈结果会出现,那么所有博弈方都不会利用该预测或者这种预测能力选择与预测结果不一致的策略,即没有哪个博弈方有偏离预测结果的愿望,因此预测结果最终真会成为博弈的结果。正是由于纳什均衡是一致预测,因此各博弈方可以预测它,可以预测他们的对手会预测它,还可以预测他们的对手会预测自己会预测它……预测博弈结果是非纳什均衡,意味着要么各博弈方的预测不同,要么预期至少一个博弈方会"犯错误",会选择错误的策略或者在实施策略时会出现差错。因为只有纳什均衡才具有一致预测的性质,因此一致预测性是纳什均衡的本质属性。一致预测性是保证纳什均衡价值的两个重要性质之一。

7. 严格下策反复消去法和纳什均衡分析之间有如下关系:(1) 如

果某个策略组合是一个博弈的一个纳什均衡,那么严格下策反复消去法一定不会将它消去;(2)如果严格下策反复消去法排除了某个策略组合之外的所有策略组合,那么惟一幸存的策略组合一定是该博弈惟一的纳什均衡。因此严格下策反复消去法与纳什均衡之间是相容的,可以作为纳什均衡分析的辅助方法。

8. 若一个博弈方在博弈中不是确定性地选择某个策略,而是以特定概率分布在自己的策略空间中随机选择,称为一个"混合策略"。确定性选择某个策略则相应称为"纯策略"。纯策略可看作选择某纯策略概率为 1 的混合策略。把策略扩展到包括混合策略时纳什均衡概念仍然成立,意味着任何博弈方单独改变自己的策略或随机选择纯策略的概率都不能给自己增加利益。未退化为纯策略的混合策略构成的纳什均衡称"混合策略纳什均衡"。混合策略不影响纳什均衡与严格下策反复消去法的关系。混合策略纳什均衡不可能是严格的纳什均衡,因为虽然博弈方单独改变策略或随机选择不会增加利益,但也不会减少利益。

9. 纳什(1950)证明了纳什均衡的普遍存在性:在一个有 n 个博弈方的博弈 $G = \{S_1, \cdots, S_n; u_1, \cdots, u_n\}$ 中,如果 n 是有限的,且 S_i 都是有限集(对 $i = 1, \cdots, n$),则该博弈至少存在一个纳什均衡,但可能包含混合策略。用更通俗的语言表示这个定理就是"每一个有限博弈都至少有一个混合策略纳什均衡"。该定理证明的在上述相当一般的博弈中纳什均衡的普遍存在性,是对纳什均衡在博弈分析中重要地位的根本保证。1950 年以后,纳什自己和其他人又用不同的方法,或对不同的博弈类型范围,重新证明了纳什均衡的存在性。其中最重要的扩展是将针对有限策略型博弈的纳什定理,推广到行为或策略不可数,有连续得益函数的无限博弈中。

10. 伯特兰德(Bertrand)1883年提出的寡头之间通过价格进行竞争的博弈模型,与寡头产量竞争的古诺模型异曲同工。伯特兰德模型中厂商的决策也是同时的,也可以有不同的博弈方数量,以及完全、不完全信息的不同版本,也是囚徒的困境型博弈。伯特兰德模型与古诺模型的关键差别是前者厂商的产品是相互之间有很强替代性,但又不是完全可替代的差别产品,或者是消费者对价格变化不敏感的无差别产品。伯特兰德模型的现实例子也很多,我国近年来以彩电为代表的家电企业之间的价格战和失败的高峰会议就是典型的例子。

11. 公共资源博弈是关于资源利用、公共设施提供和环境保护等方面的一个经典博弈问题。公共资源指没有哪个个人、企业或组织拥有所有权,可以自由利用的自然资源或供大众免费使用的设施,如地下水、公共牧场、公共河道、公共道路、楼道照明灯等。该博弈模型揭示了公共资源倾向于被过度低效率使用和浪费的根源,是人们按照自身利益最大化的原则自由利用公共资源时,必然会导致囚徒的困境问题。该模型对于我们更好地解决公共资源问题和利用公共资源有非常重要的意义。

12. 虽然纳什均衡是完全信息静态博弈分析的核心均衡概念,但纳什均衡分析并不能解决所有的问题。在存在多重纳什均衡而且没有明显优劣之分时,纳什均衡无法正确预测博弈的结果,如果考虑到博弈方理解、理性和环境风险等因素,或者多人博弈中博弈方之间相互串通的可能性,纳什均衡分析的有效性和可靠性也没有保障。因此博弈分析的方法和均衡概念必须进一步发展。例如当存在多重纳什均衡时,需要用帕累托上策均衡、聚点均衡和相关均衡等进行分析,考虑到主客观风险因素时风险上策均衡往往比纳什均衡更重要,在存在博弈方串通(共谋)的可能性时则应该考虑防共谋均衡。这些均衡概念与纳什均衡既有区别又有联系,都是纳什均衡的某种精炼或者发展。

2.2 教材习题

1. 上策均衡、严格下策反复消去法和纳什均衡相互之间的关系是什么?

参考答案:

上策均衡是各博弈方绝对最优策略的组合,而纳什均衡则是各博弈方相对最优策略的组合。因此上策均衡是比纳什均衡要求更高,更严格的均衡概念。上策均衡一定是纳什均衡,但纳什均衡不一定是上策均衡。对于同一个博弈来说,上策均衡的集合是纳什均衡集合的子集,但不一定是真子集。

严格下策反复消去法与上策均衡分别对应两种有一定相对性的决策分析思路:严格下策反复消去法对应排除法,即排除绝对最差策略的分析方法;上策均衡对应选择法,即选择绝对最优策略的均衡概念。严格下策反复消去法和上策均衡之间并不矛盾,甚至可以相互补充,因为严格下策反复消去法不会消去任何上策均衡,但却可以简化博弈。

严格下策反复消去法与纳什均衡也是相容和补充的,因为严格下策反复消去法把严格下策消去时不会消去纳什均衡,但却能简化博弈,使纳什均衡分析更加容易。

2. 为什么说纳什均衡是博弈分析中最重要的概念?

参考答案:

之所以说纳什均衡是博弈分析(非合作博弈分析)最重要的概念,主要原因是纳什均衡与其他博弈分析概念和分析方法相比,具有两方面的优秀性质。

第一是一致预测性质。一致预测性是保证纳什均衡具有内在稳定性，能作出可靠的预测的根本基础。而且只有纳什均衡才有这种性质，其他均衡概念要么不具有一致预测性，要么本身也是纳什均衡，是纳什均衡的组成部分，因此一致预测性是纳什均衡的本质属性。

第二是普遍存在性。纳什定理及其他相关定理保证在允许采用混合策略的情况下，在我们关心的所有类型博弈中都存在纳什均衡。这意味着纳什均衡分析方法具有普遍适用性。相比之下，其他各种均衡概念和分析方法，如上策均衡、严格下策反复消去法、严格上策均衡等，则可能在许多博弈中不存在，从而限制了它们的作用和价值。

纳什均衡是惟一同时具有上述两大性质的博弈分析概念，而且它也是其他各种博弈分析方法和均衡概念的基础，因此纳什均衡是博弈分析中最重要、作用最大的概念。

3. 找出现实经济或生活中可以用帕累托上策均衡、风险上策均衡分析的例子。

解答提示：

帕累托上策均衡通常在分析存在多重纳什均衡，不同纳什均衡之间有优劣关系的博弈问题时有用，因此适合用来讨论现实中我们常说的共赢、多赢可能性或者条件等。例如两个企业之间的技术、投资合作，劳资关系，或者两个国家之间政治、军事和外交冲突等往往都可以用帕累托上策均衡概念进行分析。风险上策均衡通常是在有一定不确定性，而且不确定性主要来源于客观因素、环境因素的博弈问题。例如人们对就业行业和职业的选择，人们在银行存款和股市投资之间的选择，以及投资和产品、技术开发方面的决策等问题都可以用风险上策均衡概念进行分析。

4. 多重纳什均衡是否会影响纳什均衡的一致预测性质,对博弈分析有什么不利影响?

参考答案:

多重纳什均衡不会影响纳什均衡的一致预测性质。这是因为一致预测性不是指各个博弈方有一致的预测,而是指每个博弈方自己的策略选择与自己的预测一致。

对博弈分析主要的不利影响是,当博弈存在多重纳什均衡,而且相互之间没有明确的优劣之分时,会造成预测分析的困难,影响以纳什均衡为核心的博弈分析的预测能力。存在帕累托上策均衡、风险上策均衡、聚点均衡或相关均衡的可能性,并且博弈方相互之间有足够的默契和理解时,多重纳什均衡造成的不利影响会较小。

5. 下面的得益矩阵表示两博弈方之间的一个静态博弈。该博弈有没有纯策略纳什均衡?博弈的结果是什么?

博弈方 2

		L	C	R
博弈方 1	T	2, 0	1, 1	4, 2
	M	3, 4	1, 2	2, 3
	B	1, 3	0, 2	3, 0

参考答案:

首先,运用严格下策反复消去法的思想,不难发现在博弈方 1 的策略中,B 是相对于 T 的严格下策,因此可以把该策略从博弈方 1 的策略空间中消去。把博弈方 1 的 B 策略消去后又可以发现,博弈方 2 的策略中 C 是相对于 R 的严格下策,从而也可以消去。在下面的得益矩阵中相应策略和得益处划水平线和垂直线表示消去了这些策略。

博弈方 2

		L	C	R
博弈方 1	T	2, 0	1, 1	4, 2
	M	3, 4	1, 2	2, 3
	B	~~1, 3~~	~~0, 2~~	~~3, 0~~

两个博弈方各消去一个策略后的博弈是如下的两人 2×2 博弈,已经不存在任何严格下策。再运用划线法或箭头法,很容易发现这个 2×2 博弈有两个纯策略纳什均衡 (M, L) 和 (T, R)。

博弈方 2

		L	R
博弈方 1	T	2, 0	4, 2
	M	3, 4	2, 3

由于两个纯策略纳什均衡之间没有帕累托效率意义上的优劣关系,双方利益有不一致性,因此如果没有其他进一步的信息或者决策机制,一次性静态博弈的结果不能肯定。由于双方在该博弈中可能采取混合策略,因此实际上该博弈的结果可能是 4 个纯策略组合中的任何一个。

6. 求出下图中得益矩阵所表示的博弈中的混合策略纳什均衡。

博弈方 2

		L	R
博弈方 1	T	2, 1	0, 2
	B	1, 2	3, 0

参考答案:

根据计算混合策略纳什均衡的一般方法,设博弈方 1 采用 T

策略的概率为 p，则采用 B 策略的概率为 $1-p$；再设博弈方 2 采用策略 L 的概率为 q，那么采用策略 R 的概率是 $1-q$。根据上述概率分别计算两个博弈方采用各自两个纯策略的期望得益，并令它们相等：

$$2q = q + 3(1-q)$$
$$p + 2(1-p) = 2p$$

解上述两个方程，得 $p = 2/3$，$q = 3/4$。即该博弈的混合策略纳什均衡为：博弈方 1 以概率分布 2/3 和 1/3 在 T 和 B 中随机选择；博弈方 2 以概率分布 3/4 和 1/4 在 L 和 R 中随机选择。

7. 博弈方 1 和博弈方 2 就如何分 10 000 万元钱进行讨价还价。假设确定了以下规则：双方同时提出自己要求的数额 s_1 和 s_2，$0 \leqslant s_1, s_2 \leqslant 10\,000$。如果 $s_1 + s_2 \leqslant 10\,000$，则两博弈方的要求都得到满足，即分别得 s_1 和 s_2，但如果 $s_1 + s_2 > 10\,000$，则该笔钱就被没收。问该博弈的纯策略纳什均衡是什么？如果你是其中一个博弈方，你会选择什么数额，为什么？

参考答案：

我们用反应函数法来分析这个博弈。先讨论博弈方 1 的选择。根据问题的假设，如果博弈方 2 选择金额 s_2（$0 \leqslant s_2 \leqslant 10\,000$），则博弈方 1 选择 s_1 的利益为：

$$u(s_1) = \begin{cases} s_1 & \text{当 } s_1 \leqslant 10\,000 - s_2 \\ 0 & \text{当 } s_1 > 10\,000 - s_2 \end{cases}$$

因此博弈方 1 采用 $s_1 = 10\,000 - s_2$ 时，能实现自己的最大利益 $u(s_1) = s_1 = 10\,000 - s_2$。因此 $s_1 = 10\,000 - s_2$ 就是博弈方 1 的反应函数。

博弈方 2 与博弈方 1 的利益函数和策略选择是完全相似的，

因此对博弈方 1 所选择的任意金额 s_1，博弈方 2 的最优反应策略，也就是反应函数是 $s_2 = 10\,000 - s_1$。

显然，上述博弈方 1 的反应函数与博弈方 2 的反应函数是完全重合的，因此本博弈有无穷多个纳什均衡，所有满足该反应函数，也就是 $s_1 + s_2 = 10\,000$ 的数组 (s_1, s_2) 都是本博弈的纯策略纳什均衡。

如果我是两个博弈方中的一个，那么我会要求得到 5 000 元。理由是在该博弈的无穷多个纯策略纳什均衡中，(5 000, 5 000)既是比较公平和容易被双方接受的，也是容易被双方同时想到的一个，因此是一个聚点均衡。

8. 设古诺模型中有 n 家厂商。q_i 为厂商 i 的产量，$Q = q_1 + \cdots + q_n$ 为市场总产量。P 为市场出清价格，且已知 $P = P(Q) = a - Q$（当 $Q < a$ 时，否则 $P = 0$）。假设厂商 i 生产 q_i 产量的总成本为 $C_i = C_i(q_i) = cq_i$，也就是说没有固定成本且各厂商的边际成本都相同，为常数 $c(c < a)$。假设各厂商同时选择产量，该模型的纳什均衡是什么？当 n 趋向于无穷大时博弈分析是否仍然有效？

参考答案：

(1) 根据问题的假设可知各厂商的利润函数为：

$$\pi_i = pq_i - cq_i = (a - q_i - \sum_{j \neq i}^{n} q_j)q_i - cq_i$$

其中 $i = 1, \cdots, n$。将利润函数对 q_i 求导并令其为 0 得：

$$\frac{\partial \pi_i}{\partial q_i} = a - \sum_{j \neq i}^{n} q_j - c - 2q_i = 0$$

解得各厂商对其他厂商产量的反应函数为：

$$q_i = (a - \sum_{j \neq i}^{n} q_j - c)/2$$

根据 n 个厂商之间的对称性,可知 $q_1^* = q_2^* = \cdots = q_n^*$ 必然成立。代入上述反应函数可解得:

$$q_1^* = q_2^* = \cdots = q_n^* = \frac{a-c}{n+1}$$

因此该博弈的纳什均衡是所有 n 个厂商都生产产量 $\frac{a-c}{n+1}$。

(2) 当 n 趋于无穷时,所分析的市场不再是一个寡头市场而是完全竞争市场,此时上述博弈分析方法其实是不适用的。

9. 两寡头古诺模型,$P(Q) = a - Q$ 等与上题相同,但两个厂商的边际成本不同,分别为 c_1 和 c_2。如果 $0 < c_i < a/2$,问纳什均衡产量各为多少?如果 $c_1 < c_2 < a$,但 $2c_2 > a + c_1$,则纳什均衡产量又为多少?

参考答案:

(1) 两个厂商的利润函数为:

$$\pi_i = pq_i - c_i q_i = (a - q_i - q_j) q_i - c_i q_i$$

将利润函数对产量求导并令其为 0 得:

$$\frac{\partial \pi_i}{\partial q_i} = a - q_j - c_i - 2q_i = 0$$

解得两个厂商的反应函数为:

$$q_i = (a - q_j - c_i)/2$$

或具体写成:

$$q_1 = (a - q_2 - c_1)/2$$

$$q_2 = (a - q_1 - c_2)/2$$

(2) 当 $0 < c_i < a/2$ 时，我们根据上述两个厂商的反应函数，直接求出两个厂商的纳什均衡产量分别为：

$$q_1 = \frac{a - 2c_1 + c_2}{3}$$

$$q_2 = \frac{a + c_1 - 2c_2}{3}$$

(3) 当 $c_1 < c_2 < a$，但 $2c_2 > a + c_1$ 时，根据反应函数求出来的厂商 2 产量 $q_2 < 0$。这意味着厂商 2 不会生产，这时厂商 1 成了垄断厂商，厂商 1 的最优产量选择是利润最大化的垄断产量

$$q_1 = q^* = \frac{a - c_1}{2}$$

因此这种情况下的纳什均衡为 $[(a - c_1)/2, 0]$。

10. 甲、乙两公司分属两个国家，在开发某种新产品方面有下面得益矩阵表示的博弈关系（单位：百万美元）。该博弈的纳什均衡有哪些？如果乙公司所在国政府想保护本国公司利益，有什么好的方法？

		乙公司	
		开发	不开发
甲公司	开发	−10, −10	100, 0
	不开发	0, 100	0, 0

参考答案：

(1) 用划线法或箭头法等不难找出本博弈的两个纯策略纳什均衡（开发，不开发）和（不开发，开发），即甲乙两个公司中只有一家公司开发是纳什均衡，而两家公司都开发或都不开发不是纳什

均衡。此外该博弈还有一个混合策略纳什均衡。根据混合策略纳什均衡的计算方法,不难算出本博弈的混合策略纳什均衡是两个公司都以(10/11, 1/11)的概率分布随机选择开发或不开发。本博弈的两个纯策略纳什均衡前一个对甲有利,后一个对乙有利。混合策略纳什均衡也并不是好的选择,因为结果除了仍然最多是对一方有利的纯策略纳什均衡以外,还可能出现大家不开发浪费了机会,或者大家开发撞车的可能。

(2) 根据上述分析我们知道,如果没有其他因素的影响,该博弈的两个博弈方谁都无法保证博弈的结果有利于自己。乙公司所在国政府可能保护本国公司的利益,促使博弈结果有利于本国乙公司的途径,是设法改变上述博弈的利益结构,从而促使有利于本国乙公司的均衡出现。

政府改变博弈得益结构的有效方法是对本国公司的开发活动进行补贴。例如若乙公司所在国政府对乙公司的开发活动提供20单位(百万美元)财政补贴,则该博弈的得益矩阵转变为

		乙公司	
		开发	不开发
甲公司	开发	−10, 10	100, 0
	不开发	0, 120	0, 0

不难发现乙公司所在国政府对乙公司开发活动的补贴,已经使得开发变成乙公司相对于不开发的严格上策,即使甲公司选择开发,乙公司选择开发也比选择不开发更有利,因此乙公司此时的惟一选择是开发。

根据上述得益矩阵,甲公司完全可以判断出乙公司的选择,甲公司只能选择不开发,因此现在该博弈惟一的纳什均衡是(不开发,开发)。结果是乙公司可以保证获得120单位的利润。虽然乙公司所在国政府为此付出了20单位的代价,但这显然是值得的。

如果乙公司所在国政府能从乙公司的利润中获得 20 单位或以上的税收或其他利益,那么政府最终也没有损失甚至还能获利。这正是现代世界各国政府对本国企业的国际竞争进行补贴的主要理论根据。

11. 设一个地区选民的观点标准分布于[0, 1]上,竞选一个公职的每个候选人同时宣布他们的竞选立场,即选择 0 到 1 之间的一个点。选民将观察候选人的立场,然后将选票投给立场与自己的观点最接近的候选人。例如有两个候选人,宣布的立场分别为 $x_1 = 0.4$ 和 $x_2 = 0.8$,那么观点在 $x = 0.6$ 左边的所有选民都会投候选人 1 的票,而观点在 $x = 0.6$ 右边的选民都会投候选人 2 的票,候选人 1 将以 60% 的选票获胜。再设如果有候选人的立场相同,那么立场相同的候选人将平分该立场所获得的选票,得票领先的候选人票数相同时则用抛硬币决定哪个候选人当选。我们假设候选人惟一关心的只是当选(即不考虑自己对观点的真正偏好)。如果有两个候选人,问纯策略纳什均衡是什么?如果有三个候选人,也请作出一个纳什均衡。

参考答案:

(1) 两个候选人竞争时,纯策略纳什均衡为(0.5, 0.5),即两个候选人都宣布自己是中间立场。我们用直接分析法加以证明:首先,如果一个候选人的立场是 0.5 而另一个候选人的立场不是 0.5,那么不难证明前者将获胜而后者必然失败,因为根据投票原则前者得票比例将大于 0.5,后者得票比例肯定小于 0.5。如果两个候选人的立场都选择 0.5,那么双方都有一半机会获胜。因此对任意一个候选人来说,都是不管对方选择的立场是否为 0.5,0.5 都是自己的正确选择,也就是说 0.5 都是上策。因此 (0.5, 0.5) 是本博弈的一个上策均衡,当然也是纳什均衡。

事实上，即使两个候选人开始时没有立即找到最佳立场 0.5，他们也会通过边竞争边学习很快调整到该纳什均衡策略。因为当两个候选人的立场都不在 0.5 时，谁更靠近 0.5 谁选票就多，观察到这一点，两个候选人必然都会向 0.5 靠拢，直到最后都取 0.5 的立场。

当两个候选人都选择 0.5 时，各自都能得到一半选民的支持，谁能够取胜往往取决于双方竞选立场以外的东西，例如候选人的个人魅力和演说才能等。

(2) 三个候选人时问题比较复杂。因为当三个候选人的立场都处于中点附近位置时，立场夹在其他两个候选人之间的候选人只能获得很少的选票，从而他(或她)有转变成比"左"倾者更"左"倾，或比右倾者更右倾立场的动机。这时候三个候选人在中点附近处于一种不稳定的平衡，也就是三个候选人的位置都在靠近 0.5 的地方作小幅度的摆动。纳什均衡为 $(0.5\pm\delta, 0.5\pm\varepsilon, 0.5\pm\zeta)$，其中 δ、ε 和 ζ 是小正数。如果考虑到现实中竞选者的立场不可能由一维数学坐标精确描述，选民对候选立场差别的分辨能力也不可能很精细，那么当候选人的立场都接近中点时，选民很难识别究竟哪个候选人偏右倾或"左"倾一些，因此三个候选人的立场都接近中点时可理解为是相同的。这样，三个候选人与两个候选人竞选的纳什均衡策略可以看成是相同的，即都选择 0.5，(0.5, 0.5, 0.5)。

三个候选人时在数学上还可能求出其他纯策略纳什均衡。如策略组合 (0.4, 0.6, 0.8) 就是其中一个。因为当三个候选人分别选择这些立场时，第一个候选人没有改变自己立场的动机，因为该策略组合的结果是他取胜，而第二和第三个候选人则单独改变自己的立场并不能改善自己的命运，无论只是稍微改变自己的立场，还是与其他候选人的相对立场发生逆转，都没有取胜的机会。因此根据纳什均衡的定义，这是一个纯策略的纳什均衡。类似的策略组合还有许多。不过，虽然在数学上这些纳什均衡完全符合纳什均衡的定义，但是它们在现实选举问题中的意义却并不大，因为这种纳什均衡本身只是弱均衡(部分博弈方改变策略不损害自己的利益),而且部分博弈方(第二、第三个候选人)属于典型的"破坏者",他们的策略改变不影响自己的利益,但却会对其他博弈方的利益产生决定性的影响,因此这些纳什均衡其实是不稳定的,不会是现实中的均衡结果。

上述博弈模型不仅在政治选举问题中有意义,在分析经济经营活动中的选址和产品定位等问题方面也非常有用。读者可以自行找一些例子进行分析。

12. 运用本章的均衡概念和思想讨论下列得益矩阵表示的静态博弈。

博弈方2

博弈方1	L	R
U	6, 6	2, 7
D	7, 2	0, 0

解答提示:

在纳什均衡分析的基础上,再进一步考虑运用其他均衡概念或分析方法,如风险上策均衡等进行分析。

参考答案:

首先,很容易根据划线法等找出本博弈的两个纯策略纳什均衡(U, R)和(D, L)。本博弈还有一个混合策略纳什均衡,即两博弈方各自以 2/3、1/3 的概率在自己的两个策略 U、D 和 L、R 中随机选择。

但本博弈的两个纯策略纳什均衡中没有帕累托上策均衡,两个博弈方各偏好其中一个,而且另一个策略组合(U, L)从整体利益角度优于这两个纯策略纳什均衡,因此博弈方很难在两个纯策略纳什均衡的选择上达成共识。混合策略纳什均衡的效率也不是很高,因为有一定概率会出现(D,R)的结果。

根据风险上策均衡的思想进行分析,当两个博弈方各自的两种策略都有一半可能性被选到时,本博弈的两个纯策略纳什均衡都不是风险上策均衡,而策略组合(U,L)却是风险上策均衡。因为此时博弈方1选择U的期望得益是4,选择D的期望得益是3.5,博弈方2选择L的期望得益是4,选择R的期望得益是3.5。因此当两个博弈方考虑到上述风险因素时,他们的选择将是(U,L),结果反而比较理想。

如果博弈问题的基本背景支持,对本博弈还可以用相关均衡的思想进行分析。读者可自己作一些讨论。

2.3 补充习题

1. 判断下列表述是否正确,并作简单分析:
(1) 纳什均衡即任一博弈方单独改变策略都只能得到更小利益的策略组合。
(2) 如果一博弈有两个纯策略纳什均衡,则一定还存在一个混合策略均衡。
(3) 纯策略纳什均衡和混合策略纳什均衡都不一定存在。
(4) 上策均衡一定是帕累托最优的均衡。

参考答案:

(1) 错误。只要任一博弈方单独改变策略不会增加得益,策略组合就是纳什均衡了。单独改变策略只能得到更小得益的策略组合是严格纳什均衡,是比纳什均衡更强的均衡概念。

(2) 正确。这是纳什均衡的基本性质之一——奇数性所保证的。

(3) 不正确。虽然纯策略纳什均衡不一定存在,但在我们所分析的博弈中混合策略纳什均衡总是存在的。这正是纳什定理的根本结论。也许在有些博弈中只有惟一的纯策略纳什均衡,没有严格意义上的混合策略纳什均衡,这时把纯策略理解成特殊的混合策略,混合策略纳什均衡就存在了。

(4) 不正确。囚徒的困境博弈中的(坦白,坦白)就是上策均衡(同时也是纳什均衡),但该均衡显然不是帕累托最优的,否则该博弈也不会称囚徒的困境了。

2. 找出下列得益矩阵所表示的博弈的所有纳什均衡策略组合。

		博弈方2		
		L	M	R
博弈方1	U	3, 1	2, 2	5, 3
	M	2, 3	1, 3	4, 1
	B	4, 5	2, 3	3, 4

参考答案:

首先用严格下策反复消去法简化博弈。对选择行策略的博弈方1,U策略严格优于M策略,所以M为严格下策,消去得到如下博弈:

		博弈方2		
		L	M	R
博弈方1	U	3, 1	2, 2	5, 3
	D	4, 5	2, 3	3, 4

然后分析选择列策略的博弈方2的策略,现在其M策略严格劣于R策略,消去M策略得到矩阵:

		博弈方2	
		L	R
博弈方1	U	3, 1	5, 3
	D	4, 5	3, 4

在上述 2×2 博弈中已经不存在任何严格下策。此时用划线法不难找出纯策略纳什均衡为 (D, L) 和 (U, R)，相应的得益为 (4, 5) 和 (5, 3)。

最后求该博弈的混合策略纳什均衡。因为被严格下策反复消去法消去的策略不可能包含在纳什均衡中，因此只需要考虑未被严格下策反复消去法消去的几个策略。设博弈方 1 选择 U 的概率为 α, D 的概率为 $1-\alpha$; 博弈方 2 选择 L 的概率为 β, R 的概率为 $1-\beta$。

此时，博弈方 1 选择 U 的期望得益为 $3\beta+5(1-\beta)$, 选择 D 的期望得益为 $4\beta+3(1-\beta)$。令这两个期望得益相等：

$$3\beta+5(1-\beta)=4\beta+3(1-\beta)$$

可解得 $\beta=2/3$。

博弈方 2 选择 L 的期望得益为 $\alpha+5(1-\alpha)$, 选择 R 的期望得益为 $3\alpha+4(1-\alpha)$。令这两个期望得益相等：

$$\alpha+5(1-\alpha)=3\alpha+4(1-\alpha),$$

可解得 $\alpha=1/3$。

因此该博弈的混合策略纳什均衡为，博弈方 1 以 1/3 和 2/3 的概率分布在 U 和 D 中随机选择，博弈方 2 以 2/3 和 1/3 的概率分布在 L 和 R 中随机选择。

3. 找出下列得益矩阵表示静态博弈的纳什均衡。

		博弈方 2		
		L	M	R
博弈方 1	U	4, 3	5, 1	6, 2
	M	2, 1	8, 4	3, 6
	D	3, 0	9, 6	2, 8

解答提示：

同样可先考虑严格下策反复消去法简化博弈，然后再运用划线法等进行分析。请读者自行练习。

4. 下面的得益矩阵表示一个两人静态博弈。问当 a、b、c、d、e、f、g 和 h 之间满足什么条件时，该博弈：

(1)存在严格上策均衡；
(2)可以用严格下策反复消去法简化或找出博弈的均衡；
(3)存在纯策略纳什均衡。

博弈方 2

		L	R
博弈方 1	U	a, b	c, d
	D	e, f	g, h

参考答案：

(1) 严格上策均衡是由各个博弈方的严格上策组成的策略组合。对于博弈方 1，如果 $a > e$ 且 $c > g$，则 U 是相对于 D 的严格上策；如果 $a < e$ 且 $c < g$，则 D 是相对于 U 的严格上策。对于博弈方 2，如果 $b > d$ 且 $f > h$，则 L 是相对于 R 的严格上策；如果 $b < d$ 且 $f < h$，则 R 是相对于 L 的严格上策。上述两个博弈方各自有两种严格上策的相对得益情况的组合，总共可能构成四种严格上策均衡。

(2) 只要出现 $a > e$ 且 $c > g$、$a < e$ 且 $c < g$、$b > d$ 且 $f > h$ 或 $b < d$ 且 $f < h$ 四种情况中的任何一种，就可以用严格下策反复消去法简化或直接求出博弈的均衡，因为这时候 D、U、R、L 分别是相应博弈方相对于各自另一策略的严格下策。

(3) 纯策略纳什均衡是各博弈方单独改变策略都无利可图的策略组合。在上述博弈中，只要满足 $a \geq e$ 且 $b \geq d$、$c \geq g$ 且

$d \geqslant b$、$e \geqslant a$ 且 $f \geqslant h$、$g \geqslant c$ 且 $h \geqslant f$ 四种情况中的任何一种，就存在纯策略纳什均衡。

5. 企业甲和企业乙都是彩电制造商，它们都可以选择生产低档产品或高档产品，但两企业在选择时都不知道对方的选择。假设两企业在不同选择下的利润如以下得益矩阵所示。问
   (1)该博弈有没有上策均衡？
   (2)该博弈的纳什均衡是什么？

		企业乙	
		高档	低档
企业甲	高档	500, 500	1 000, 700
	低档	700, 1 000	600, 600

参考答案：

(1) 根据得益矩阵可以发现，两企业究竟采用哪种策略更好完全取决于对方选择何种策略，因此本博弈没有上策均衡。

(2) 运用划线法很容易找出该博弈有两个纯策略纳什均衡，(高档,低档)和(低档,高档)。此外本博弈还有一个混合策略纳什均衡：设企业甲生产高档彩电的概率为 α，生产低档彩电概率为 $1-\alpha$，企业乙生产高档彩电的概率为 β，生产低档彩电概率为 $1-\beta$。那么令两个企业采取各自两种策略的期望得益相等，容易解得 $\alpha = \beta = 2/3$，即两个企业都以概率分布 2/3 和 1/3 随机决定生产高档彩电还是低档彩电，是本博弈的混合策略纳什均衡。

6. 在一个静态博弈中，博弈方 1 选择 U、D，博弈方 2 选择 L、R，博弈方 3 选择矩阵 a、b、c、d。若博弈方 3 的得益如下列矩阵所示，请证明 d 既不可能是对博弈方 1 和博弈方 2 混合博弈的最优反应，也不是一个严格下策。

	L	R
矩阵 a U	9	0
D	0	0

	L	R
矩阵 b U	0	9
D	9	0

	L	R
矩阵 c U	0	0
D	0	9

	L	R
矩阵 d U	6	0
D	0	6

参考答案：

首先证明 d 不是对博弈方 1 和博弈方 2 混合博弈的最优反应。因为当博弈方 1 和 2 的策略组合是 (U, L) 时 d 的得益 6 小于 a 的得益 9；当博弈方 1 和 2 的策略组合是 (D, R) 时 d 的得益 6 小于 c 的得益 9；当博弈方 1 和 2 的策略组合是 (D, L) 时 d 的得益 0 小于 b 的得益 9；当博弈方 1 和 2 的策略组合是 (U, R) 时 d 的得益 0 小于 b 的得益 9，因此 d 不可能是博弈方 3 对博弈方 1 和博弈方 2 混合博弈的最优反应。

其次证明 d 不是一个严格下策。因为当博弈方 1 和 2 的策略组合是 (U, L) 时 d 的得益 6 大于 b、c 的得益 0；当博弈方 1 和 2 的策略组合是 (D, R) 时 d 的得益 6 大于 a、b 的得益 0；当博弈方 1 和 2 的策略组合是 (D, L) 时 d 的得益 0 等于 a、c 的得益 0；当博弈方 1 和 2 的策略组合是 (U, R) 时 d 的得益 0 等于 a、c 的得益 0，因此 d 也不是博弈方 3 相对于自己任何策略的严格下策。

7. 假定三个博弈方 1、2、3 要在三个项目 A、B、C 中投票选择一个。规则是同时投票且不允许弃权，得票数多的项目当选。如果得票数相同（每个项目 1 票），则项目 A 当选。再假设不同项目当选时三个博弈方的得益分别为 $u_1(A) = u_2(B) = u_3(C) = 2$，$u_1(B) = u_2(C) = u_3(A) = 1$，$u_1(C) = u_2(A) = u_3(B) = 0$。要

求找出该博弈所有的纳什均衡。

参考答案：

该博弈共有 $3^3 = 27$ 种可能的策略组合,可以用三个得益矩阵表示如下(其中博弈方 1 选择行,博弈方 2 选择列,博弈方 3 选择矩阵)：

博弈方 2

博弈方 1		A	B	C
	A	<u>2</u>, 0, <u>1</u>	<u>2</u>, 0, <u>1</u>	<u>2</u>, 0, <u>1</u>
	B	<u>2</u>, 0, <u>1</u>	1, <u>2</u>, <u>0</u>	<u>2</u>, 0, <u>1</u>
	C	<u>2</u>, 0, <u>1</u>	<u>2</u>, 0, <u>1</u>	0, <u>1</u>, <u>2</u>

矩阵 1——博弈方 3 选 A

博弈方 2

博弈方 1		A	B	C
	A	<u>2</u>, 0, <u>1</u>	1, <u>2</u>, 0	<u>2</u>, 0, <u>1</u>
	B	1, <u>2</u>, 0	<u>1</u>, <u>2</u>, 0	1, <u>2</u>, 0
	C	<u>2</u>, 0, <u>1</u>	<u>1</u>, <u>2</u>, 0	0, <u>1</u>, <u>2</u>

矩阵 2——博弈方 3 选 B

博弈方 2

博弈方 1		A	B	C
	A	<u>2</u>, 0, <u>1</u>	<u>2</u>, 0, <u>1</u>	0, <u>1</u>, <u>2</u>
	B	<u>2</u>, 0, <u>1</u>	1, <u>2</u>, 0	0, <u>1</u>, <u>2</u>
	C	0, <u>1</u>, <u>2</u>	0, <u>1</u>, <u>2</u>	<u>0</u>, <u>1</u>, <u>2</u>

矩阵 3——博弈方 3 选 C

运用划线法不难找到该博弈的纳什均衡共有 5 个,分别是 (A, A, A)、(A, B, A)、(B, B, B)、(A, C, C)和(C, C, C)。

8. 三对夫妻的感情状态可以分别用下面三个得益矩阵对应的静态博弈表示。问这三个博弈的纳什均衡分别是什么？这三对夫妻的感情状态究竟如何？

（矩阵 1）

		妻 子	
		活着	死了
丈夫	活着	1, 1	−1, 0
	死了	0, −1	0, 0

（矩阵 2）

		妻 子	
		活着	死了
丈夫	活着	0, 0	1, 0
	死了	0, 1	0, 0

（矩阵 3）

		妻 子	
		活着	死了
丈夫	活着	−1, −1	1, 0
	死了	0, 1	0, 0

参考答案：

利用划线法等容易找出得益矩阵 1 博弈的纳什均衡为(活着,活着)和(死了,死了)。这两个纳什均衡的含义是这对夫妻要么同时活着，如果有一个死了，则另一个也宁愿选择死，而不愿单独活着。这说明这对夫妻的感情极度恩爱，以至于单独活着只有痛苦，甚至生不如死。

利用划线法等也容易找出得益矩阵 2 博弈的纳什均衡为(活着,活着)、(活着,死了)和(死了,活着)。这三个纳什均衡说明这对夫妻共同生活很不幸福，甚至一方死了另一方反而能更好，但也没有到相互不可容忍的地步。这说明夫妻的感情很不好,处于相当危险的状态。

利用划线法等同样容易找出得益矩阵 3 博弈的纳什均衡为(活着,死了)和(死了,活着)。这两个纳什均衡的含义是这对夫妻中有一个活着,则另一个就会生不如死,只有一个死了,另一个活下去才有价值。这说明这对夫妻的感情状态极度恶劣,已经相互仇恨到了不共戴天的程度。

9. 若企业 1 的需求函数为 $q_1(p_1, p_2) = a - p_1 + p_2$,企业 2 的需求函数为 $q_2(p_1, p_2) = a - p_2 + p_1$。问

(1) 这两个企业之间的竞争或市场有什么特点?

(2) 若假设两个企业的生产成本都为 0,两个企业同时决策时的纳什均衡是什么?

参考答案:

(1) 这是一个价格竞争博弈。该博弈表示两个企业的产品是不完全相同的相互替代品,或者消费者对价格差异不是非常敏感。

(2) 根据问题的假设,两企业的利润函数分别为:

$$\pi_1(p_1, p_2) = (a - p_1 + p_2)p_1$$
$$\pi_2(p_1, p_2) = (a + p_1 - p_2)p_2$$

各自对自己的价格求偏导数,并令其为 0 得:

$$\frac{\partial \pi_1}{\partial p_1} = (a + p_2) - 2p_1 = 0$$

$$\frac{\partial \pi_2}{\partial p_2} = (a + p_1) - 2p_2 = 0$$

分别得到两个企业的反应函数为:

$$p_1 = (a + p_2)/2$$
$$p_2 = (a + p_1)/2$$

联立两个反应函数可解得该博弈的纳什均衡为 $p_1 = p_2 = a$。

10. 如果双寡头垄断的市场需求函数是 $p(Q) = a - Q$,两个厂商都无固定生产成本,边际成本为相同的 c。如果两个厂商都只能要么生产垄断产量的一半,要么生产古诺产量,证明这是一个囚徒困境型的博弈。

参考答案:

根据市场需求函数 $p(Q) = a - Q$ 和厂商的生产成本,不难计算出该市场的垄断产量为 $q_m = \dfrac{a-c}{2}$,双寡头垄断的古诺产量(纳什均衡产量)为 $q_c = \dfrac{a-c}{3}$。两个厂商都生产垄断产量的一半 $\dfrac{a-c}{4}$ 时,各自的利润为

$$\left(a - \frac{a-c}{2} - c\right) \times \frac{a-c}{4} = \frac{(a-c)^2}{8}$$

两个厂商都生产古诺产量 $\dfrac{a-c}{3}$ 时,各自的利润为:

$$\left[a - \frac{2(a-c)}{3} - c\right] \times \frac{a-c}{3} = \frac{(a-c)^2}{9}$$

若一个厂商生产垄断产量的一半 $\dfrac{a-c}{4}$,另一方生产古诺产量 $\dfrac{a-c}{3}$,前者利润为:

$$\left(a - \frac{a-c}{3} - \frac{a-c}{4} - c\right) \times \frac{a-c}{4} = \frac{5(a-c)^2}{48}$$

后者利润为:

$$\left(a - \frac{a-c}{3} - \frac{a-c}{4} - c\right) \times \frac{a-c}{3} = \frac{5(a-c)^2}{36}$$

因此上述博弈用下列得益矩阵表示就是：

企业乙

	$q_m/2$	q_c
企业甲 $q_m/2$	$\dfrac{(a-c)^2}{8}, \dfrac{(a-c)^2}{8}$	$\dfrac{5(a-c)^2}{48}, \dfrac{5(a-c)^2}{36}$
q_c	$\dfrac{5(a-c)^2}{36}, \dfrac{5(a-c)^2}{48}$	$\dfrac{(a-c)^2}{9}, \dfrac{(a-c)^2}{9}$

分析这个得益矩阵可以看出，因为 $\dfrac{(a-c)^2}{8} < \dfrac{5(a-c)^2}{36}$，$\dfrac{5(a-c)^2}{48} < \dfrac{(a-c)^2}{9}$，因此 $q_m/2$ 对两个厂商都是相对于 q_c 的严格下策。所以该博弈惟一的纳什均衡，也是上策均衡，是 (q_c, q_c)。这个纳什均衡的双方得益 $\dfrac{(a-c)^2}{9}$，显然不如双方都采用 $q_m/2$ 的得益 $\dfrac{(a-c)^2}{8}$，因此这个博弈是一个囚徒困境型的博弈。

11. 两个厂商生产一种完全同质的商品，该商品的市场需求函数为 $Q = 100 - P$，设厂商1和厂商2都没有固定成本。若它们在相互知道对方边际成本的情况下，同时作出的产量决策是分别生产 20 单位和 30 单位。问这两个厂商的边际成本各是多少？各自的利润是多少？

参考答案：

根据问题的假设我们知道，两个厂商分别生产 20 和 30 单位产量，一定是该静态产量博弈的纳什均衡产量。

我们设两个厂商的边际成本分别为 c_1 和 c_2，生产的产量分别为 q_1 和 q_2，那么这两个厂商的利润函数分别为

$$\pi_1 = (100 - q_1 - q_2)q_1 - c_1 q_1$$
$$\pi_2 = (100 - q_1 - q_2)q_2 - c_2 q_2$$

将两个厂商的利润函数分别对各自的产量求偏导数并令偏导数为 0，可得两厂商的反应函数为：

$$100 - 2q_1 - q_2 - c_1 = 0$$
$$100 - 2q_2 - q_1 - c_2 = 0$$

把 $q_1 = 20$ 和 $q_2 = 30$ 代入上述两个反应函数，可解得两个厂商的边际成本分别为 $c_1 = 30$ 和 $c_2 = 20$。

再把上述产量和边际成本代入两个厂商的利润函数，可得它们的利润分别为：

$$\pi_1 = (100 - 20 - 30)20 - 30 \times 20 = 400$$
$$\pi_2 = (100 - 20 - 30)30 - 20 \times 30 = 900$$

12. 假设两个企业生产的产品完全同质，而且消费者对价格很敏感，因此只有定价低的企业才能销出产品。进一步设 $p_i < p_j$ 时企业 i 产品的需求为 $a - p_i$，$p_i = p_j$ 时企业 i 产品的需求为 $\dfrac{a - p_i}{2}$，$p_i > p_j$ 时企业 i 产品的需求当然为 0。再假设两个企业都不存在固定成本，且边际成本为常数 $c(c < a)$。请证明在两个企业同时选择价格时，该博弈惟一的纳什均衡是两个企业的定价均为 c。

参考答案：

首先，(c, c) 是该博弈的一个纯策略纳什均衡。因为在这个策略组合下双方的得益都等于 0，如果某个企业单独提价，则会失去所有的顾客，得益仍然是 0，而如果某个企业单独降价，则利润会变成负数，因此在 (c, c) 的情况下任何企业单独改变定价对自己都是不利的。因此这是一个纯策略纳什均衡。

其次,我们假设另一个策略组合(b, d)也是一个纳什均衡,而且其中至少有一个博弈方的得益不等于c。首先,两个企业的定价必须是大于c的,因为否则利润为负不可能是纳什均衡。如果$b<d$,则两个企业的利润分别为$(b-c)(a-b)$和0,此时企业2将价格下降到低于c与b之间可以提高利益,因此$b<d$时(b, d)不可能是纳什均衡。同样的道理,$b>d$时(b, d)也不可能是纳什均衡。如果$b=d>c$,显然也不可能是纳什均衡,因为任意一个企业单独把价格下降一点就可以使需求几乎扩大一倍,因此两个企业都有单独改变策略的动机,此时(b, d)也不可能是纳什均衡。因此,$(b, d)\neq(c, c)$实际上根本不可能是纳什均衡。这就证明了(c, c)是本博弈惟一的纯策略纳什均衡。

13. **两个企业 1、2 各有一个工作空缺,企业 i 的工资为 w_i,并且 $(1/2)w_1 < w_2 < 2w_1$。设有两个工人同时决定申请这两个企业的工作,规定每个工人只能申请一份工作,如果一个企业的工作只有一个工人申请,该工人肯定得到这份工作,但如果一个企业的工作同时有两个工人申请,则企业无偏向地随机选择一个工人,另一个工人则会因为错过向另一个企业申请的时机而失业(这时收益为 0)。该博弈的纳什均衡是什么?该博弈的结果有多少种可能性,各自的概率是多少?**

参考答案:
根据问题的假设,不难得到该博弈的得益矩阵如下:

		工人 2	
		企业 1	企业 2
工人 1	企业 1	$(1/2)w_1, (1/2)w_1$	w_1, w_2
	企业 2	w_2, w_1	$(1/2)w_2, (1/2)w_2$

根据假设的关系$(1/2)w_1 < w_2 < 2w_1$,很容易可以找出该博

弈的两个纯策略纳什均衡(企业1,企业2)和(企业2,企业1),各自的得益为(w_1,w_2)和(w_2,w_1)。

该博弈还有一个混合策略纳什均衡。设工人1选企业1的概率为α,选择企业2的概率为$1-\alpha$,工人2选企业1的概率为β,选择企业2的概率为$1-\beta$。则工人1选企业1的期望得益为$(1/2)w_1\beta+w_1(1-\beta)$,选企业2的期望得益为$w_2\beta+(1/2)w_2(1-\beta)$。令两个期望得益相等得:

$$(1/2)w_1\beta+w_1(1-\beta)=w_2\beta+(1/2)w_2(1-\beta)$$

因此工人2选择两个企业的概率为:

$$\beta=\frac{2w_1-w_2}{w_1+w_2},\ 1-\beta=\frac{2w_2-w_1}{w_1+w_2}$$

因为两个工人的情况是相同的,因此工人1选择两个企业的概率必然也是:

$$\alpha=\frac{2w_1-w_2}{w_1+w_2},\ 1-\alpha=\frac{2w_2-w_1}{w_1+w_2}。$$

即两个工人都以$\left(\frac{2w_1-w_2}{w_1+w_2},\frac{2w_2-w_1}{w_1+w_2}\right)$的概率分布随机决定选择向企业1还是企业2申请,是该博弈的混合策略纳什均衡。

由于该博弈的两个纯策略纳什均衡没有严格的优劣之分,即使w_1与w_2有明显的大小关系,两个工人偏好的均衡也不会相同。因此在两个工人同时决定选哪家企业,而且没有其他参考信息、依据的情况下,两个工人更可能采取混合策略。因此该博弈的结果可能是四种策略组合(企业1,企业1)、(企业1,企业2)、(企业2,企业1)和(企业2,企业2)中的任何一种,其中第一个组合出现的概率是$\left(\frac{2w_1-w_2}{w_1+w_2}\right)^2$,第二和第三个组合出现的概率是

$$\frac{2w_1-w_2}{w_1+w_2} \times \frac{2w_2-w_1}{w_1+w_2}$$；第四个组合出现的概率是 $\left(\frac{2w_2-w_1}{w_1+w_2}\right)^2$。

14. 五户居民都可以在一个公共的池塘里放养鸭子。每只鸭子的收益 v 是鸭子总数 N 的函数，并取决于 N 是否超过某个临界值 $\overline{N}$：如果 $N < \overline{N}$，收益 $v = v(N) = 50 - N$；如果 $N \geqslant \overline{N}$ 时，$v(N) \equiv 0$。再假设每只鸭的成本为 $c = 2$ 元。若所有居民同时决定养鸭的数量，问该博弈的纳什均衡是什么？

参考答案：

设居民 i 选择的养鸭数目为 n_i，则总数为 $N = n_1 + n_2 + \cdots + n_5$。假设 $N < \overline{N}$，那么居民 i 的净得益为：

$$u_i = n_i v(N) = n_i(50 - N) - 2n_i = n_i(48 - n_1 - n_2 - \cdots - n_5)$$

令该净得益对自己养鸭数的偏导数为 0，得：

$$\frac{\partial u_i}{\partial n_i} = 48 - \sum_{j \neq i} n_j - 2n_i = 0$$

$$n_i = (48 - \sum_{j \neq i} n_j)/2$$

由于所有居民的情况是相同的，因此他们的养鸭数应该相同，即 $n_1 = n_2 = \cdots = n_5$。代入上式可解得 $n_1 = n_2 = \cdots = n_5 = 48/6 = 8$ 只。

需要注意的是，上述每户的最佳养鸭数是在假设 $N < \overline{N}$ 成立的前提下得出的。但因为 $\overline{N}$ 的数值并没有预先给定，因此每户居民各养 8 只鸭子并不一定满足该条件。为此我们必须分两种情况考虑该博弈的均衡：

(1) 如果 $\overline{N} > 5 \times 8 = 40$，那么上述临界值条件成立。此时五户居民每户养 8 只鸭子就是该博弈的纳什均衡。

(2) 如果 $\overline{N} \leqslant 40$，那么上述临界值条件实际上并不成立。此时每户居民养 8 只鸭子肯定不是纳什均衡,因为每户的得益都会降到 0。这时候的纳什均衡是什么,请读者自己讨论。(提示:纳什均衡不是惟一的而是有许多种,纳什均衡随 $\overline{N}$ 而变化,注意养鸭数只能是正整数。)

15. **试利用教材习题 11 的选举博弈模型,说明为什么立场极端的政党往往会成为议会中的第二大党,但一般不会成为第一大党。**

参考答案:

根据教材习题 11 中的选举博弈模型我们容易清楚,由于选民均匀分布在极"左"到极右之间的所有立场上,而且根据与自己立场的接近程度选择支持对象。因此当只有两个政党进行竞争时,立场比较中庸的政党总是能够比立场极端的政党得到更多的选票,因此后者只能得到较少的选票,成为第二大政党。下图清楚地表明了这种局势(其中白星表示中庸政党立场,黑星表示极端政党立场,虚线为选民阵营的分界线。下同):

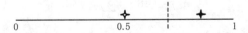

当有三个政党竞争时,如果其中两个政党比较中庸,另一个政党比较极端,那么通常是两个比较中庸的政党之一会获得半数的选票,一个获得很少的选票,而极端政党则仍然获得第二多的选票。下图表明了这种局势:

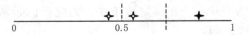

有更多政党竞争的时候情况实际上也是类似的。因此,立场极端的政党通常不容易成为议会第一大党、执政党,议会第一大党、执政党往往是中庸的政党或者中庸政党之一,但立场极端的政

党却很容易成为议会第二大党,或者最大的反对党。这正是上述简单多数规则的民主选举制度的必然规律。这种现象在许多国家的政治选举中都存在。

16. 如果在一条 1 千米长的长街上均匀居住着许多居民,有两个人同时想在该长街开便利店。

(1) 如果假设所有居民都是到最近的便利店购买商品,问这两个人会如何选择店面位置?

(2) 如果每户居民仍然到离得最近的便利店购买,但购买数量与他们到便利店的距离有关,如 $Q = 1 - D$,其中 Q 是购买量,D 是居民与便利店的距离,此时两个人会怎样选择店面的位置?

参考答案:

(1) 如果居民的购买量与它们离便利店的距离无关,那么实际上这个商业选址问题与教材习题 11 的竞选立场选择是完全相似的。该博弈的纳什均衡,也就是两个人选择的店面位置都是在长街的中间位置。论证方法与上述竞选立场问题完全相同。

(2) 如果每户居民的购买数量与他们到便利点的距离有关,则问题要复杂一些。我们用坐标轴上的区间 [0, 1] 表示该 1 千米的长街,假设两个人的店面选址分别是 x 和 y,$0 < x < 1$,$0 < y < 1$,而且设 $x \leqslant y$。那么根据问题的假设,不难发现两个人的营业额分别为下图中横线和竖线阴影部分的面积,计算公式分别为:

$$I_1(x, y) = \frac{[1 + (1-x)]x}{2} + \frac{\left[1 + \left(1 - \frac{y}{2} + \frac{x}{2}\right)\right]\left(\frac{x+y}{2} - x\right)}{2}$$

$$= \frac{1}{8}(4x + 4y - 5x^2 - y^2 + 2xy)$$

和

$$I_2(x, y) = \frac{\left[1 + \left(1 - y + \frac{x+y}{2}\right)\right]\left(y - \frac{x+y}{2}\right)}{2} + \frac{(1+y)(1-y)}{2}$$

$$= \frac{1}{8}(4y - 4x - 5y^2 - x^2 + 2xy + 4)$$

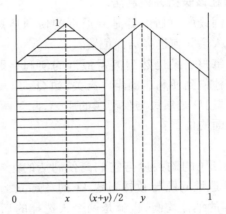

假设两个人都以营业额最大化作为选址依据是合理的。两个人的营业额分别对 x 和 y 求偏导数,并令偏导数为 0,得:

$$4 - 10x + 2y = 0$$
$$4 - 10y + 2x = 0$$

联立上述两个方程,可解得 $x = y = 1/2$,这就是该博弈的纳什均衡。这个纳什均衡与居民购买量与距离无关时的纳什均衡是相同的。该说明两个商店最重要的任务仍然是争夺客户资源,而不是增加单个客户的购买量,消费者的利益实质上仍然是受忽视的。

17. 设某个地方的居民均匀地环绕一个圆形湖居住。两个小贩来

此地推销商品。

(1) 如果居民都选择离自己较近的小贩购买商品,问小贩选择推销地点博弈的纳什均衡是什么?

(2) 如果有三个小贩同时到此地推销商品,那么推销地点博弈的纳什均衡又是什么?

(3) 如果圆形湖的周长是 1(千米),而居民的购买量是它们与小贩距离的函数 $Q = 1 - D$,其中 Q 是购买量,D 是居民与小贩推销点距离,则两个和三个小贩博弈的纳什均衡各是什么?

参考答案:

(1) 两个小贩时选任何地点都是纳什均衡,因为两个小贩选任何地点都是各能够得到一半的居民作为顾客。

(2) 三个小贩时有无数个纯策略纳什均衡,凡被三个小贩推销地点分割成的三段弧长都小于半圆(180 度)的都是纳什均衡。请读者自行论证。

(3) 两个小贩而居民的购买量又与距离有关时,两个小贩处于一条直径两端是纳什均衡。三个小贩而居民购买量与距离有关时,三个小贩均匀分布在圆周上是纳什均衡。请读者自行分析。

第三章 完全且完美信息动态博弈

3.1 本章要点

1. 完全且完美信息动态博弈简称动态博弈，也称为多阶段博弈、序列博弈或扩展形博弈。完全且完美信息动态博弈的特征是博弈方依次选择行为，后选择行为者是在看到先选择行为者的选择后再选择，博弈方相互了解得益情况。
2. 动态博弈中各博弈方的行为先后会导致利益不对称，对博弈方的行为选择和结果都会产生影响。在有些博弈中后行为博弈方有更多信息，可减少决策的盲目性和作有针对性的选择，因此处于较有利的地位。在另一些博弈中先行为博弈方可以抢先采取有利于自己的行为，因此有先动优势。这种不对称性是动态博弈与静态博弈的重要差别之一。并不是每个动态博弈的行为次序都会导致利益差别。
3. 动态博弈中博弈方决策的内容，也就是各博弈方的策略，是在整个博弈中轮到选择的每个阶段，针对前面阶段各种情况的相应选择和行为，因此是一种完整的计划。各博弈方的策略组合会形成一条联结各个阶段的路径，由均衡策略组合构成的路径称均衡路径，由非均衡策略组合构成的路径称非均衡路径。
4. 由于动态博弈中博弈方的策略是多阶段的行动计划，实施起来有一个过程，而且又没有强制力，因此博弈方完全可以在博弈过程中改变计划。我们称这种问题为"相机选择"问题。相机选择的存在使得动态博弈中各博弈方策略设定的行为选择的"可信性"有了疑问。纳什均衡不能解决这种可信性问题,无法排除博弈方策略中不可信的行为设定,因此在动态博弈中不是真正稳定的。动态博弈分析中具有真正稳定性的均衡概念是子博弈完美纳什均衡。

5. 一个动态博弈第一阶段以外某阶段开始的,有初始信息集和进行博弈所需要的全部信息,能够自成一个博弈的后续博弈阶段,称为动态博弈的一个"子博弈"。当动态博弈阶段数较多时,子博弈还可以有子博弈,称为"二级子博弈",二级子博弈还可以有"三级子博弈"等。

6. 如果在一个完美信息的动态博弈中,一个策略组合满足在整个动态博弈及它所有的子博弈中都构成纳什均衡,那么该策略组合称为一个"子博弈完美纳什均衡"。因为要求在所有子博弈中都构成纳什均衡,因此子博弈完美纳什均衡能够排除均衡策略中不可信的行为(威胁或承诺),因此具有真正的稳定性。非子博弈完美的纳什均衡不能做到这一点。子博弈完美纳什均衡是动态博弈分析的核心均衡概念。子博弈完美纳什均衡本身也是纳什均衡,是比纳什均衡更强的均衡概念。

7. 从动态博弈的最后一个阶段开始,逐个阶段向前面的阶段倒推分析博弈方行为选择的动态博弈分析方法,称为"逆推归纳法"。逆推归纳法的逻辑基础是理性的先行为博弈方,在选择行为时必然会考虑后行为博弈方后面阶段的行为选择,因此通常只有在不再有后续阶段的最后一个阶段才能直接作出明确选择,当后面阶段的选择确定以后前一阶段的选择就可以确定了。逆推归纳法是动态博弈分析,也就是子博弈完美纳什均衡分析最重要的基本方法。

8. 如果把静态博弈中厂商同时选择产量的古诺产量博弈模型,改为厂商先后选择产量,就成了动态博弈中的斯塔克博格

(Stackelberg)模型。斯塔克博格模型也是博弈论的经典例子。寡头市场中厂商之间地位不同的领导——追随型市场结构,常常可以用该模型来解释。该模型与古诺模型的对比研究对于认识动态博弈和静态博弈之间的差别等有重要的意义。

9. 委托人-代理人理论是研究特定经济关系的经典两人动态博弈模型。这种博弈模型专门研究的经济关系是一方委托另一方完成特定工作,关键特征是委托方的利益与被委托方的行为密切相关,但委托方不能控制,甚至不能有效监督被委托方的行为,而只能通过报酬等间接影响。这种博弈关系在现实中大量存在,如店主雇佣店员销售商品,企业主聘请经理管理企业,人们聘请律师为他们辩护都是这种关系。此外,许多经济社会关系,如市民与政府官员,人民与军队的关系等,虽然没有明显委托关系,但也有一方利益与另一方行为有关,又不能控制和监督另一方行为,只能间接影响另一方行为的特征,因此也可用这种博弈模型进行分析。根据是否有不确定性和监督难易,委托人-代理人关系可分多种情况。这种博弈模型的核心问题是委托人如何促使代理人的行为符合自己的利益。由于委托人可利用的手段主要是委托合同的设计,因此这种问题也称为"激励机制设计"。由于委托合同的核心条款通常是工资、奖金或股权等薪酬制度内容,因此委托人-代理人问题一般就是工资制度选择问题。委托人-代理人博弈的关键,是参与约束和激励相容约束两个约束条件,其中前者是代理人接受委托的条件,后者是代理人的行为符合委托人利益的条件。

10. 有同时选择的两阶段动态博弈是特殊类型的动态博弈,与动态博弈和静态博弈都有关系,因为这种博弈包含两个阶段,但至少有一个阶段有两个或多个博弈方的同时选择。这种博弈问题在现实经济中也很普遍。金融问题(间接融资及其风险性)、对外贸易(最优关税决定)等领域都有这种类型的博弈。这种博弈分析的总体方法也是用逆推归纳法进行子博弈完美纳什均衡分析,一个阶段的静态博弈当然也需要一般的纳什均衡分析。

11. 子博弈完美纳什均衡和逆推归纳法并不能解决动态博弈分析的所有问题。因为它们只能分析明确设定的博弈问题,要求博弈结构非常清楚,并且是博弈方的共同知识。它们对博弈方的理性要求很高,不仅要求所有博弈方都有高度的理性,而且要求博弈方之间有理性的共同知识。博弈方的理性局限和犯错误的可能性则更会对它们造成严重的困难。塞尔顿提出的颤抖手均衡,以及另一种顺推归纳法思想,分别从不同的角度提出了解决这些困难的方法。但这两种方法仍然有不能解决的问题。

12. Rosenthal(1981)提出了一个称为"蜈蚣博弈"的多阶段动态博弈模型。这个模型称为"蜈蚣博弈"是因为它的扩展形像一条蜈蚣。这个博弈问题的重要意义是运用逆推归纳法得到的子博弈完美纳什均衡几乎是博弈中最差的结果,而且实验证明通常不会被人们采用,因此揭示了逆推归纳法引起的一个重要悖论,揭示了在阶段较多的动态博弈中逆推归纳法和子博弈完美纳什均衡存在的严重缺陷。此外,该博弈对于认识人类的理性局限和行为规律等也有很重要的意义。

3.2 教材习题

1. 动态博弈分析中为什么要引进子博弈完美纳什均衡,它与纳什均衡是什么关系?

参考答案:

子博弈完美纳什均衡即动态博弈中具有这样特征的策略组

合:它们不仅在整个博弈中构成纳什均衡,而且在所有的子博弈中也都构成纳什均衡。

在动态博弈分析中引进子博弈完美纳什均衡概念的原因在于,动态博弈中各个博弈方的行为有先后次序,因此往往会存在相机抉择问题,也就是博弈方可能在博弈过程中改变均衡策略设定的行为,从而使得均衡策略存在可信性问题,而且纳什均衡无法消除这种问题,只有子博弈完美纳什均衡能够解决它。

子博弈完美纳什均衡一定是纳什均衡,但纳什均衡不一定是子博弈完美纳什均衡。因此一个动态博弈的所有子博弈完美纳什均衡是该博弈所有纳什均衡的一个子集。

2. 导论中图 1.12 的先来后到博弈中有几个纳什均衡,子博弈完美纳什均衡是什么?

参考答案:

导论中图 1.12 的先来后到博弈的扩展形表示如下:

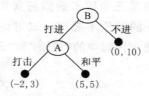

根据纳什均衡的定义,不难判断(打进,和平)和(不进,打击)是本博弈的两个纳什均衡,因为这两个策略组合都满足这一条件:任一方单独改变策略不可能增加利益,相反却可能损害自己的利益。

运用逆推归纳法不难找出,(打进,和平)是本博弈惟一的子博弈完美纳什均衡,而(不进,打击)不是子博弈完美纳什均衡,因为 A 针对 B 打进的打击是不可信的威胁。

3. 博弈方的理性问题对动态博弈分析的影响是否比对静态博弈

分析的影响更大？为什么？

参考答案：

博弈方的理性问题对动态博弈分析的影响肯定比对静态博弈分析的影响更大。

虽然博弈方的理性问题，博弈方实际理性与博弈分析假设的有差距，对博弈分析的影响在静态博弈分析中也存在，教材第二章多次提到了这个问题，但博弈方的理性问题对动态博弈分析的影响肯定更大。因为以子博弈完美纳什均衡和逆推归纳法为核心的动态博弈分析，对博弈方理性的要求比静态博弈的纳什均衡分析的更高，而且博弈方理性的缺陷还会引出理性判断的动态调整等更复杂的问题。例如某个博弈方由于理性问题在某时刻"犯错误"，采用偏离子博弈完美纳什均衡的行为、路径，这时候后面阶段行为博弈方的判断和行为选择就会有困难。这种困难是动态博弈所特有的，在静态博弈分析中并不存在。

4. 如果开金矿博弈中第三阶段乙选择打官司后的结果尚不能肯定，即下图中 a、b 的数值不确定。试讨论本博弈有哪几种可能的结果。如果要本博弈中的"威胁"和"承诺"是可信的，a 或 b 应满足什么条件？

参考答案：

括号中的第一个数字代表乙的得益，第二个数字代表甲的得益，所以 a 表示乙的得益，而 b 表示甲的得益。

在第三阶段，如果 $a < 0$，则乙会选择不打官司。这时逆推回

第二阶段,甲会选择不分,因为分的得益 2 小于不分的得益 4。再逆推回第一阶段,乙肯定会选择不借,因为借的最终得益 0 比不借的最终得益 1 小。

在第三阶段,如果 $a>0$,则乙轮到选择的时候会选择打官司,此时双方得益是 (a,b)。逆推回第二阶段,如果 $b>2$,则甲在第二阶段仍然选择不分,这时候双方得益为 (a,b)。在这种情况下再逆推回第一阶段,那么当 $a<1$ 时乙会选择不借,双方得益 $(1,0)$,当 $a>1$ 时乙肯定会选择借,最后双方得益 (a,b)。在第二阶段如果 $b<2$,则甲会选择分,此时双方得益为 $(2,2)$。再逆推回第一阶段,乙肯定选择借,因为借的得益 2 大于不借的得益 1,最后双方的得益 $(2,2)$。

根据上述分析我们可以看出,该博弈比较明确可以预测的结果有这样几种情况:(1) $a<0$,此时本博弈的结果是乙在第一阶段不愿意借给对方,结束博弈,双方得益 $(1,0)$,不管这时候 b 的值是多少;(2) $0<a<1$ 且 $b>2$,此时博弈的结果仍然是乙在第一阶段选择不借,结束博弈,双方得益 $(1,0)$;(3) $a>1$ 且 $b>2$,此时博弈的结果是乙在第一阶段选择借,甲在第二阶段选择不分,乙在第三阶段选择打,最后结果是双方得益 (a,b);(4) $a>0$ 且 $b<2$,此时乙在第一阶段会选择借,甲在第二阶段会选择分,双方得益 $(2,2)$。

要本博弈的"威胁",即"打"是可信的,条件是 $a>0$。要本博弈的"承诺",即"分"是可信的,条件是 $a>0$ 且 $b<2$。

注意上面的讨论中没有考虑 $a=0$、$a=1$、$b=2$ 的几种情况,因为这些时候博弈方的选择很难用理论方法确定和预测。不过最终的结果并不会超出上面给出的范围。

5. 设一四阶段两博弈方之间的动态博弈如下图所示。试找出全部子博弈,讨论该博弈中的可信性问题,求子博弈完美纳什均衡策略组合和博弈的结果。

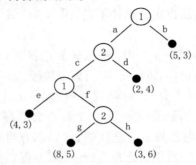

参考答案：

（1）该博弈共包括如下 3 个子博弈：① 从博弈方 1 选择 a 以后博弈方 2 的第二阶段选择开始的三阶段动态博弈；② 从博弈方 2 第二阶段选择 c 以后博弈方 1 的选择开始的两阶段动态博弈；③ 第三阶段博弈方 1 选择 f 以后博弈方 2 的单人博弈。

（2）该博弈最理想的、对双方都比较有利的博弈结果是路径 a—c—f—g。但实现该路径的双方策略中，博弈方 2 在第四阶段选择 g 是不可信的，因为得益 5＜6；逆推回第三阶段，博弈方 1 选择 f 也变成不可信的，因为得益 3＜4；再逆推回第二阶段，博弈方 2 在第二阶段选择 c 同样也是不可信的，因为得益 3＜4；最后回到第一阶段，博弈方 1 选择 a 也不可信，因为 2＜5。因此上述较理想的结果是不可能实现的。

（3）根据逆推归纳法先讨论博弈方 2 第四阶段的选择。由于采用 h 的得益 6 大于采用 g 的 5，因此博弈方 2 会采用 h；倒退回第三阶段，博弈方 1 根据对博弈方 2 第四阶段选择的判断可知选择 f 结果是得 3，而选择 e 的结果是 4，因此只有选择 e；再推回第二阶段，博弈方 2 根据对后两阶段选择的判断，已知选择 c 将得到 3，而选择 d 能得到 4，因此应该选择 d；最后回到第一阶段，博弈方 1 知道选择 a 将得到 2，而选择 b 能得到 5，因此会选择 b。该博弈的子博弈完美纳什均衡为:博弈方 1 第一阶段选择 b,第三阶段选择 e;博弈方 2 第二阶段选择 d,第四阶段选择 h。结果为博弈方 1 第一阶段选择 b 结束博弈,双方得益(5,3)。

6. **三寡头市场需求函数 $P = 100 - Q$,其中 Q 是三个厂商的产量之和,并且已知三个厂商都有常数边际成本 2 而无固定成本。如果厂商 1 和厂商 2 先同时决定产量,厂商 3 根据厂商 1 和厂商 2 的产量决策,问它们各自的产量和利润是多少?**

参考答案:

首先,设三个厂商的产量分别为 q_1、q_2 和 q_3。三个厂商的利润函数为:

$$\pi_1 = (100 - q_1 - q_2 - q_3)q_1 - 2q_1$$
$$\pi_2 = (100 - q_1 - q_2 - q_3)q_2 - 2q_2$$
$$\pi_3 = (100 - q_1 - q_2 - q_3)q_3 - 2q_3$$

根据逆推归纳法,先分析第二阶段是厂商 3 的选择。将厂商 1 的利润函数对其产量求偏导数并令其为 0 得:

$$\frac{\partial \pi_3}{\partial q_3} = 100 - q_1 - q_2 - 2q_3 - 2 = 0$$

因此厂商 3 的反应函数为:

$$q_3 = (98 - q_1 - q_2)/2$$

再分析第一阶段是厂商 1 和厂商 2 的决策。先把厂商 3 的反应函数代入厂商 1 和厂商 2 的利润函数得:

$$\pi_1 = (100 - q_1 - q_2 - q_3)q_1 - 2q_1 = \frac{98 - q_1 - q_2}{2}q_1$$

$$\pi_2 = (100 - q_1 - q_2 - q_3)q_2 - 2q_2 = \frac{98 - q_1 - q_2}{2}q_2$$

分别对 q_1 和 q_2 求偏导数并令为 0 得：

$$\frac{\partial \pi_1}{\partial q_1} = \frac{98 - q_2}{2} - q_1 = 0$$

$$\frac{\partial \pi_2}{\partial q_2} = \frac{98 - q_1}{2} - q_2 = 0$$

联立两个方程可解得 $q_1 = q_2 = 98/3$。再代入厂商 3 的反应函数得 $q_3 = (98 - q_1 - q_2)/2 = 98/6$。

把三个厂商的产量代入各自的利润函数，可得三个厂商的利润分别为 4 802/9、4 802/9 和 2 401/9。

7. 求下列得益矩阵表示的对称博弈的颤抖手均衡。

博弈方 2

	A	B	C
A	0, 0	0, 0	0, 0
B	0, 0	1, 1	2, 0
C	0, 0	0, 2	2, 2

博弈方 1

参考答案：

根据划线法等不难发现这个博弈有(A, A)、(B, B)和(C, C)三个纯策略纳什均衡。其中帕累托最优的是(C, C)，而且它也是不严格的上策均衡。完全理性博弈分析的通常结论是两个博弈方都会选择 C，各得 2 单位利益。

但如果我们考虑博弈方犯错误的可能性，以及博弈方相互对这种可能性的担心，则会得出很不同的结论。例如博弈方 1 考虑到博弈方 2 有犯错误，即采用 A 或 B 而不是 C 的可能性，这时候博弈方 1 就不一定仍然坚持采用 C 了，因为这时博弈方 1 更佳的选择是 B 而不是 C：如果博弈方 2 采用 C，博弈方 1 采用 B 并没有损失;如果博弈方 2 采用的是 B,博弈方 1 采用 B 避免了更严重的损失;如果博弈方 2 采用的是 A,博弈方 1 采用 B 和 C 是一样的。因此在这个博弈中,只要博弈方 1 意识到博弈方 2 哪怕只有很小的采用 B 的可能性,就会倾向于采用 B 而不是 C。此外,即使博弈方 1 不担心博弈方 2 由于理性局限犯错误,也可能担心博弈方 2 是否会反过来担心自己犯错误,因为这也会使博弈方 2 选择 B。这样的推理分析也可以多层次递推,相互对对方判断和行为的推断会不断加强上述趋向。由于双方的情况是相同的,因此考虑到上述情况,该博弈的结果更可能是(B, B)而不是(C, C)。

上述在考虑到博弈方的理性局限和犯错误可能性的情况下,具有稳定性的纳什均衡(B, B),称为"颤抖手均衡"。(A, A)和(C, C)都不是本博弈的颤抖手均衡。

8. 若有人拍卖价值 100 元的金币,拍卖规则如下:无底价,竞拍者可无限制地轮流叫价,每次加价幅度为 1 元以上,最后出价最高者获得金币,但出价次高者也要交自己所报的金额且什么都得不到[这种拍卖规则是苏必克(Subik)设计的]。如果你参加了这样的拍卖,你会怎样叫价。这种拍卖问题有什么理论意义和现实意义。

参考答案:

在这种拍卖活动中最好是不要叫价。因为这种拍卖规则对于竞拍者,特别是相互激烈竞争的竞拍者是个陷阱,危险而且不公平,因此最好的办法是回避它。

另一种方法是先设定一个止损点(具体水平根据此类拍卖通常的风险和利益等综合考虑),然后试探一个较低的叫价,如果有人激烈竞争且叫价已超过自己的止损点,则必须立即退出竞争。这样,如果其他竞拍者也是理性的,则可能都会回避或及早退出,从而你通过冒少量风险的代价获得了较大的利益,而一旦遇到不理性的激烈竞争者,你的风险和损失也控制在可承受的范围之内。

这种博弈问题的主要理论意义如下:一是揭示了博弈规则设计的作用和价值;二是通过该博弈的实验或分析加深对人们理性和分析问题能力等的认识和理解;三是进一步认识博弈问题的本质特征。

这种博弈问题在现实中的最好例子是参与竞标需要许多前期费用、成本的招投标活动。虽然在这些招投标活动中未中标者不要直接支付费用,但不菲的前期费用和其他成本,却与上述苏必克拍卖中的次高价支付有同样的作用或效果。因此,人们在经济活动中参加这样的招投标活动时必须非常谨慎小心。

9. 根据3.4.4中对店主和店员之间委托人-代理人关系的分析,讨论在信息不完全的情况下,"基本工资＋提成奖金"式的工资制度和租赁、承包制相比,哪种方式更能使雇员或承租、承包人的利益,与雇主或出租、发包人的利益一致,使代理人的行为更加符合委托人的利益?工资加奖金制度与租赁、承包制度各有什么优缺点?

参考答案:

根据3.4.4中对店主和店员之间委托人-代理人关系的分析,不难清楚在信息不完全的情况下,租赁、承包制显然比"基本工资＋提成奖金"式的工资制度,更能使雇员或承租、承包人的利益,与雇主或出租、发包人的利益一致,使代理人的行为更符合委托人的利益。理由是在这个委托人-代理人关系博弈中,同时满足参与约束和激励相容约束的惟一子博弈完美纳什均衡解,就是一种固定租金或承包费的承包或租赁经营制。

租赁、承包制度的最大优点就是上述出租、发包人与租赁、承包之间的利益一致性。但这有一定前提,那就是租赁、承包的条件、合同是合理的。此外,在租赁、承包制下所有的不确定性风险实际上都是由代理人而不是委托人承担。由于通常代理人在风险类型方面总是比委托人更偏向风险厌恶而不是风险偏好,与租赁、承包制的风险安排正好矛盾,因此承包制和固定租金租赁制不一定能采用或合理。

工资奖金制度的优点是代理人所承担的风险比较小,委托人和代理人双方分担不确定性的风险,这对于代理人比较厌恶风险,每单位带风险的期望得益价值较小的情况是较好的制度安排。工资奖金制度的缺点是在信息不完全的情况下,委托人和代理人在利益方面的某种不一致性无法完全避免,无法使代理人的行为完全符合委托人的利益。

3.3 补充习题

1. 判断下列论述是否正确,并进行分析:
（1）在动态博弈中,因为后行为的博弈方可以先观察对方行为后再选择行为,因此总是有利的。
（2）动态博弈本身也是自己的子博弈之一。
（3）逆推归纳法并不能排除所有不可置信的威胁。
（4）如果动态博弈的一个策略组合不仅在均衡路径上是纳什均衡,而且在非均衡路径上也是纳什均衡,就是该动态博弈的一个子博弈完美纳什均衡。
（5）颤抖手均衡与第二章的风险上策均衡都是在有风险和不确定性情况下的稳定性策略组合,因此它们本质上是一样的。

参考答案:
（1）错误。实际上动态博弈中先行为的博弈方往往有先行优势,因此常常是先行为的博弈方更有利而不是后行为的博弈方有利。
（2）错误。根据子博弈的定义,整个博弈本身不是自己的子博弈。

(3) 错误。逆推归纳法最根本的特征就是能排除动态博弈中所有不可信的行为,包括不可信的威胁和不可信的承诺。因为逆推归纳法是根据最大利益原则选择博弈方每阶段行为的,而且都考虑到了后续阶段的行为选择,因此用逆推归纳法找出的均衡策略组合中不可能包含不符合博弈方利益的不可信行为选择。

(4) 正确。这正是子博弈完美纳什均衡的根本要求或另一种表示方法。

(5) 错误。这两个概念是有很大区别的。首先,前者是针对很小的犯错误导致的偏离概率的均衡概念,而后者是有较大偏离概率情况下的均衡概念。其次,前者对博弈方的理性假设与完全理性假设基本接近,后者对博弈方的理性假设比较复杂,实际上更多考虑了理性的不对称性。此外,颤抖手均衡本身是纳什均衡,而风险上策均衡则不一定是纳什均衡。

2. 设两个博弈方之间的三阶段动态博弈如下图所示。

(1) 若 a 和 b 分别等于 100 和 150,该博弈的子博弈完美纳什均衡是什么?

(2) L—N—T 是否可能成为该博弈的子博弈完美纳什均衡路径,为什么?

(3) 在什么情况下博弈方 2 会获得 300 单位或更高的得益?

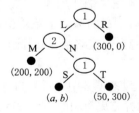

参考答案:

(1) 当 a 和 b 分别等于 100 和 150 时,用逆推归纳法很容易找出,该博弈的子博弈完美纳什均衡为:博弈方1在第一阶段选择R,在第三阶段选择S;博弈方2在第二阶段选择M。

(2) 不可能。因为 L—N—T 给博弈方1带来的得益50明显小于他(或她)在第一阶段选R带来的得益300,因此该路径对应的策略组合在整个博弈中就不构成纳什均衡,所以无论 a 和 b 的数值是什么,L—N—T 都不可能成为该博弈的子博弈完美纳什均衡路径。

(3) 第(2)小题的答案已经说明 L—N—T 不可能是本博弈的子博弈完美纳什均衡,因此博弈方2不可能通过该路径实现300单位得益,博弈方2惟一有可能实现300单位或以上得益的路径是 L—N—S。要使 L—N—S 成为子博弈完美纳什均衡路径而且博弈方2能得到300单位或以上得益,必须 $a > 300$、$b \geqslant 300$。

3. 甲方是某国的一股企图对抗中央的地方势力,乙方是该国的中央政府,丙方是支持甲方的某种国际势力。三方之间互动制约的利益关系可用下列扩展形博弈表示,其中得益数组的第一个数字是甲方的得益,第二个数字是乙方的得益,第三个数字是丙方的得益。
   (1) 该博弈的均衡是什么?
   (2) 如何对得益数字作最小程度的改动,分别使(a)甲方选择对抗,乙方选择软弱;(b)甲方选择对抗,乙方选择强硬,丙方选择行动。

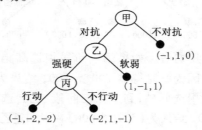

解答提示:

(1) 运用逆推归纳法求子博弈完美纳什均衡。

(2) 根据给定子博弈完美纳什均衡路径,用逆推归纳法从最后一阶段起逐个改变、确定得益数组。

4. 企业甲和企业乙都是彩电制造商,都可以选择生产低档产品或高档产品,每个企业在四种不同情况下的利润如以下得益矩阵所示。如果企业甲先于企业乙进行产品选择并投入生产,即企业乙在决定产品时已经知道企业甲的选择,而且这一点双方都清楚。

(1) 用扩展型表示这一博弈。
(2) 这一博弈的子博弈完美纳什均衡是什么?

		企　业　乙	
		高档	低档
企业甲	高档	500, 500	1 000, 700
	低档	700, 1 000	600, 600

参考答案:

(1) 本博弈的扩展形如下:

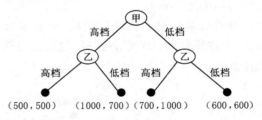

(2) 用逆推归纳法。如果第一阶段甲选高档,则到了第二阶段,乙会选低档,因为此时得益 700 > 500,结果为 (1 000, 700);而如果第一阶段甲选低档,到了第二阶段,乙会选高档,因为此时得益 1000 > 600,结果为 (700, 1 000)。甲知道乙的选择方法,所

以逆推回第一阶段,甲会选择生产高档彩电,因为1 000＞700。所以本博弈的子博弈完美纳什均衡为:

甲的策略:选择生产高档产品;

乙的策略:若甲选择了生产高档,则选择低档;若甲选择了生产低档,则选择高档。

本博弈的子博弈完美纳什均衡路径为:甲选择生产高档彩电,然后乙选择生产低档彩电。本博弈的双方得益为(1 000, 700)。

5. 乙向甲索要1 000元,并且威胁甲如果不给就与他同归于尽。当然甲不一定会相信乙的威胁。请用扩展形表示该博弈,并找出纯策略纳什均衡和子博弈完美纳什均衡。

参考答案:

首先我们可以把该博弈抽象为一个先由甲选择是否给乙这1 000元,而在甲选择不给的情况下,再由乙选择是否实施同归于尽威胁的两阶段动态博弈。如果设甲给乙1 000元自己有1 000元损失,乙得到1 000元净利益,而一旦同归于尽则双方都有无穷大的负利益,则该博弈表示成扩展形如下:

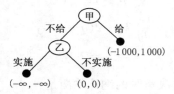

根据纳什均衡的定义,不难发现该博弈有两个纯策略纳什均衡(给,实施)和(不给,不实施)。因为这两个策略组合都符合给定对方的策略,自己的策略是最好策略的定义。

运用逆推归纳法,可以解得该博弈的子博弈完美纳什均衡是:甲在第一阶段选择不给,乙在第二阶段选择不实施,也就是(不给,不实施)。另一个策略组合(给,实施)不是子博弈完美纳什均衡,因为根据本博弈的得益结构,在第一阶段甲不给的情况下,乙第二阶段选择实施是不可信的威胁。

6. 两个寡头企业进行价格竞争博弈,企业 1 的利润函数是 $\pi_1 = -(p-aq+c)^2+q$,企业 2 的利润函数是 $\pi_2 = -(q-b)^2+p$,其中 p 是企业 1 的价格,q 是企业 2 的价格。求:
   (1) 两个企业同时决策的纯策略纳什均衡;
   (2) 企业 1 先决策的子博弈完美纳什均衡;
   (3) 企业 2 先决策的子博弈完美纳什均衡;
   (4) 是否存在参数 a、b、c 的特定值或范围,使两个企业都希望自己先决策?

参考答案:

(1) 两个企业同时定价。根据两个企业的得益函数,很容易导出它们各自的反应函数:

$$\frac{\partial \pi_1}{\partial p} = -2(p-aq+c) = 0$$
$$\Rightarrow p = aq - c$$
$$\frac{\partial \pi_2}{\partial q} = -2(q-b) = 0$$
$$\Rightarrow q = b$$

因此两个企业同时决策时的纳什均衡是:

$$\begin{cases} p = ab - c \\ q = b \end{cases}$$

此时两个企业的利润

$$\pi_1 = -(p-aq+c)^2 + q = b$$
$$\pi_2 = -(q-b)^2 + p = ab - c$$

(2) 企业 1 先决策。根据逆推归纳法,先求企业 2 的反应函数:

$$\frac{\partial \pi_2}{\partial q} = -2(q-b) = 0$$
$$\Rightarrow q = b$$

代入企业 1 的利润函数,得到:

$$\pi_1 = -(p-aq+c)^2 + q$$
$$= -(p-ab+c)^2 + b$$

再求企业 1 的反应函数:

$$\frac{\partial \pi_1}{\partial p} = -2(p-ab+c) = 0$$
$$\Rightarrow p = ab - c$$

因此企业 1 先决策时的子博弈完美纳什均衡仍然是:企业 1 定价 $p = ab-c$,企业 2 定价 $q = b$,与两个企业同时定价时相同。利润当然也与同时定价时相同。这实际上是因为本博弈中后行为的企业 2 的选择与先行为的企业 1 的选择无关。

(3) 企业 2 先决策。根据逆推归纳法,先求企业 1 的反应函数:

$$\frac{\partial \pi_1}{\partial p} = -2(p-aq+c) = 0$$
$$\Rightarrow p = aq - c$$

代入企业 2 的利润函数得:

$$\pi_2 = -(q-b)^2 + p$$
$$= -(q-b)^2 + aq - c$$

求企业 2 的反应函数得:

$$\frac{\partial \pi_2}{\partial q} = -2(q-b) + a = 0$$

$$\Rightarrow q = \frac{a}{2} + b$$

再把该价格代入企业 1 的反应函数,得:

$$p = aq - c = \frac{a^2}{2} + ab - c$$

因此企业 2 先决策时子博弈完美纳什均衡是:企业 1 定价为 $p = \frac{a^2}{2} + ab - c$;企业 2 定价为 $q = \frac{a}{2} + b$。此时两个企业的利润为:

$$\pi_1 = -(p - aq + c)^2 + q$$
$$= -\left[\frac{a^2}{2} + ab - c - a\frac{a}{2} - ab + c\right]^2 + \frac{a}{2} + b$$
$$= \frac{a}{2} + b$$

$$\pi_2 = -(q - b)^2 + p$$
$$= -\left(\frac{a}{2} + b - b\right)^2 + \frac{a^2}{2} + ab - c$$
$$= \frac{a^2}{4} + ab - c$$

(4) 因为只有先决策的利润大于后决策的利润时企业才希望先决策,因此当:

$$\frac{a^2}{4} + ab - c > ab - c$$

企业 1 希望自己先决策。这个不等式在 $a \neq 0$ 的情况下总能满足。当

$$b > \frac{a}{2} + b$$

企业 2 希望自己先选择。这个不等式要求 $a < 0$。因此根据上述

两个不等式,只要 $a<0$,两个企业都会希望自己先决策。如果进一步考虑利润必须非负,那么几个参数还必须满足 $b>0$、$\frac{a}{2}+b>0$、$ab-c>0$ 和 $\frac{a^2}{4}+ab-c>0$。其中第四个不等式在 $a\neq 0$ 并且第三个不等式成立时必然成立,前三个不等式结合上述 $a<0$,得到两个企业都希望先决策的条件是 $a<0$,$b>-\frac{a}{2}$ 和 $c<ab$。

7. 考虑如下的双寡头市场战略投资模型:企业 1 和企业 2 目前情况下的单位生产成本都是 $c=2$。企业 1 可以引进一项新技术使单位成本降低到 $c=1$,该项技术需要投资 f。在企业 1 作出是否投资的决策(企业 2 可以观察到)后,两个企业同时选择产量。假设市场需求函数为 $p(q)=14-q$,其中 p 是市场价格,q 是两个企业的总产量。问上述投资额 f 处于什么水平时,企业 1 会选择引进新技术?

参考答案:

分企业 1 第一阶段未引进和引进投资两种情况,每种情况都用逆推归纳法进行分析。

假设企业 1 第一阶段未投资引进新技术。此时两个企业的边际成本都是 2,利润函数为:

$$\pi_1 = (14-q_1-q_2)\cdot q_1 - 2q_1$$
$$\pi_2 = (14-q_1-q_2)\cdot q_2 - 2q_2$$

求两个企业利润对各自产量的偏导数并令为 0,得:

$$\frac{\partial \pi_1}{\partial q_1} = 14 - 2q_1 - q_2 - 2 = 0$$

$$\frac{\partial \pi_2}{\partial q_2} = 14 - 2q_2 - q_1 - 2 = 0$$

联立两个反应函数可解得纳什均衡产量为 $q_1 = 4$, $q_2 = 4$, 此时企业 1 的利润为 $\pi_1 = 16$。

假设企业 1 第一阶段引进新技术。此时企业 1 的边际成本下降到 1, 两个企业的利润函数为：

$$\pi_1 = (14 - q_1 - q_2) \cdot q_1 - q_1 - f$$
$$\pi_2 = (14 - q_1 - q_2) \cdot q_2 - 2q_2$$

求两个企业利润对各自产量的偏导数并令为 0, 得：

$$\frac{\partial \pi_1}{\partial q_1} = 14 - 2q_1 - q_2 - 1 = 0$$

$$\frac{\partial \pi_2}{\partial q_2} = 14 - 2q_2 - q_1 - 2 = 0$$

联立两个反应函数可解得纳什均衡产量为 $q_1 = \frac{14}{3}$, $q_2 = \frac{11}{3}$。企业 1 的利润为 $\pi_1' = \frac{196}{9} - f$。

现在我们回到第一阶段，很显然只有引进新技术后得到总利润大于未引进新技术的总利润，即 $\pi_1' = \frac{196}{9} - f \geqslant \pi_1 = 16$，即当 $f \leqslant \frac{52}{9}$ 时，企业 1 才会投资引进新技术。

8. 三寡头垄断市场有倒转的需求函数为 $p(Q) = a - Q$, 其中 $Q = q_1 + q_2 + q_3$, q_i 是厂商 i 的产量。每一个厂商生产的边际成本为常数 c, 没有固定成本。如果厂商 1 先选择 q_1, 厂商 2 和厂商 3 观察到 q_1 后同时选择 q_2 和 q_3, 问它们各自的产量是多少？

解答提示：

该题与教材习题 6 相似。用逆推归纳法先分析第二阶段厂商 1 和厂商 2 的静态博弈，再讨论第一阶段厂商 1 的选择。

参考答案：

三个厂商的利润函数为：

$$\pi_1 = (a - q_1 - q_2 - q_3)q_1 - cq_1$$
$$\pi_2 = (a - q_1 - q_2 - q_3)q_2 - cq_2$$
$$\pi_3 = (a - q_1 - q_2 - q_3)q_3 - cq_3$$

先分析第二阶段厂商 2 和厂商 3 的决策。令它们的利润对各自产量的偏导数为 0 得：

$$\frac{\partial \pi_2}{\partial q_2} = (a - q_1 - q_3) - 2q_2 - c = 0$$

$$\frac{\partial \pi_3}{\partial q_3} = (a - q_1 - q_2) - 2q_3 - c = 0$$

联立解得厂商 2 和厂商 3 对厂商 1 产量的反应函数为：

$$q_2 = \frac{a - c - q_1}{3}$$

$$q_3 = \frac{a - c - q_1}{3}$$

再分析第一阶段厂商 1 的决策。先把上述两个厂商的反应函数代入企业 1 的利润函数，得：

$$\pi_1 = (a - q_1 - q_2 - q_3)q_1 - c = \frac{a - q_1 + 2c}{3}q_1 - c$$

对 q_1 求偏导数得：

$$\frac{\partial \pi_1}{\partial q_1} = \frac{a}{3} - \frac{2q_1}{3} + \frac{2c}{3} = 0$$

解得：

$$q_1 = \frac{a}{2} + c$$

代入厂商 2 和厂商 3 的反应函数得

$$q_2 = \frac{a-c-q_1}{3} = \frac{a-4c}{6}$$

$$q_3 = \frac{a-c-q_1}{3} = \frac{a-4c}{6}$$

因此本博弈中厂商 1 将生产产量 $q_1 = \frac{a}{2} + c$，厂商 2 和厂商 3 生产产量 $q_2 = q_3 = \frac{a-4c}{6}$。

9. 家长和孩子进行如下动态博弈：(1) 孩子先选择 $A(A \geqslant 0)$，自己收入 $C(A)$，家长收入 $P(A)$，其中 $C(A)$ 和 $P(A)$ 都是严格凹函数；(2) 家长观察到收入 $C(A)$ 和 $P(A)$ 后，决定给孩子的奖励 $B(B < 0$ 时为惩罚)；(3) 孩子的效用是自己总收入的单调递增严格凹函数 $U[C(A)+B]$，家长的效用为 $V[P(A)-B] + k[C(A)+B]$，其中 $V[P(A)-B]$ 也是单调递增的严格凹函数，而线性项 $k[C(A)+B]$ 项代表家长对孩子的利他主义关心，$k > 0$ 是反映家长对孩子福利关心程度的参数。请证明孩子的选择是符合全家收入 $C(A)+P(A)$ 最大化的。

参考答案：

运用逆推归纳法首先分析第二阶段家长对 B 的选择。家长的决策目标当然是使效用函数 $V[P(A)-B]+k[C(A)+B]$ 最大化。因此求该效用函数对 B 的偏导数，并令其等于 0 得

$$\frac{\partial\{V[P(A)-B]+k[C(A)+B]\}}{\partial B} = -\frac{\partial V[P(A)-B]}{\partial[P(A)-B]} + k = 0$$

由于 V 是单调递增的严格凹函数，因此上式偏微分方程一定可解出 $P(A) - B = C_0$，其中 C_0 为某一常数。因此，家长的最优奖励为 $B = P(A) - C_0$。

再分析孩子对 A 的选择。将 $B=P(A)-C_0$ 代入孩子的效用函数,孩子的效用函数变为 $U[C(A)+B]=U[C(A)+P(A)-C_0]$。由于该效用函数是单调增函数,因此最大化该效用函数就是最大化其中的变量 $C(A)+P(A)-C_0$。进一步由于 C_0 是常数,因此最大化 $C(A)+P(A)-C_0$ 就是最大化 $C(A)+P(A)$。这就证明了上述结论。

10. 两个兄弟分一块冰激凌。哥哥先提出一个分割比例,弟弟可以接受或拒绝,接受则按哥哥的提议分割,若拒绝就自己提出一个比例。但这时候冰激凌已化得只剩 1/2 了。对弟弟提议的比例哥哥也可以选择接受或拒绝,若接受则按弟弟的提议分割,若拒绝冰激凌会全部化光。因为兄弟之间不应该做损人不利己的事,因此我们假设接受和拒绝利益相同时兄弟俩都会接受。求该博弈的子博弈完美纳什均衡。如果冰激凌每阶段只化掉 1/3,博弈的子博弈完美纳什均衡是什么?

参考答案:

根据问题,如果我们假设哥的方案是 $S_1:1-S_1$,其中 S_1 是自己的份额,弟的方案是 $S_2:1-S_1$,S_2 是哥的份额,那么可用如下的扩展形表示该博弈:

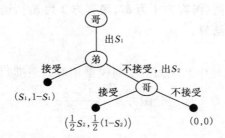

运用逆推归纳法先分析最后一阶段哥的选择。由于只要接受的利益不小于不接受的利益哥就会接受,因此在这个阶段只要弟

的方案满足 $\frac{1}{2}S_2 \geqslant 0$，也就是 $S_2 \geqslant 0$，哥就会接受，否则不会接受。由于冰激凌的份额不可能是负数，因此该条件实际上必然是成立的，也就是说因为哥不接受弟的方案冰激凌会全部化掉，因此任何方案哥都会接受。

现在回到前一阶段弟的选择。由于弟知道后一阶段哥的选择方法，因此知道如果不接受前一阶段哥提出的比例，自己可以取 $S_2 = 0$，独享此时还未化掉的 1/2 块冰激凌；如果选择接受前一阶段哥的提议，那么自己将得到 $1 - S_1$。显然只要 $1 - S_1 \geqslant 1/2$，即 $S_1 \geqslant 1/2$，弟就会接受哥的提议。

再回到第一阶段哥的选择。哥清楚后两个阶段双方的选择逻辑和结果，因此他在这一阶段选择 $S_1 = 1/2$，正是能够被弟接受的自己的最大限度份额，超过这个份额将什么都不能得到，因此 $S_1 = 1/2$ 是最佳选择。

综上，该博弈的子博弈完美纳什均衡是：哥哥开始时就提议按 (1/2, 1/2) 分割，弟弟接受。

每阶段只化掉 1/3 的情况请读者自己分析。

11. 设在教材 3.4.3 中的无限回合讨价还价博弈中，博弈方的贴现因子不同(博弈方 1 为 δ_1，博弈方 2 为 δ_2)，请给出这种情况下的均衡结果。

解答提示：

采用与教材中贴现因子相同模型相似的逆推归纳法分析。均衡结果是博弈方 1 提出分配方案 $\left(\dfrac{1-\delta_2}{1-\delta_1\delta_2}, \dfrac{\delta_2(1-\delta_1)}{1-\delta_1\delta_2}\right)$，博弈方 2 接受。

12. 假设一个 n 个厂商的寡头垄断市场有倒转的需求函数 $p(Q)$

$= a - Q$,其中 Q 是它们的总产量。如果厂商的产出 q_i 都等于雇佣的劳动力数量 L_i,并且除工资以外没有其他成本。再假设某工会是所有厂商惟一的劳动力供给者。如果先由工会决定统一的工资率 w,厂商看到 w 后同时选择雇用数量 L_i,工会的效用函数为 $(w - w_0)L$(其中 w_0 为工会成员到其他行业谋职的收入,$L = L_1 + \cdots + L_n$ 为工会的总就业水平)。求该博弈的子博弈完美纳什均衡。

参考答案:

运用逆推归纳法进行分析。为了简单起见,假设劳动力雇佣数是连续可分的。

第一步先求第二阶段厂商对工会工资率 w 的反应函数 $L(w)$。由于第二阶段有 n 个厂商同时选择雇用劳动力数量,因此该阶段是一个静态博弈问题。由于本博弈中每个厂商的收益取决于每个厂商的产量,每个厂商的产量则取决于雇用的劳动力数量,成本取决于工资率和雇用劳动力数量,因此每个厂商的利润都是各个厂商雇用的劳动力数量和工会决定的工资率 w 的函数,厂商 i 的利润函数是

$$\pi_i(w; L_1, \cdots, L_n) = L_i(a - \sum_{j=1}^{n} L_j - w)$$

令 π_i 对 L_i 的偏导数为 0 得:

$$-2L_i + a - w - \sum_{j \neq i} L_j = 0$$

可解得:

$$L_i = \frac{1}{2}(a - w - \sum_{j \neq i} L_j)$$

因为本博弈中的 n 个厂商是对称的,因此 $L_1 = \cdots = L_n$,代入上式可解得:

$$L_1 = \cdots = L_n = \frac{a-w}{n+1}$$

所有厂商雇用劳动力的总量则为 $\frac{n(a-w)}{n+1}$。这些实际上也分别是各个厂商的产量和市场总产量。

现在回到第一阶段工会的选择。由于工会了解厂商的决策方法，因此清楚对应自己的工资率 w，n 个厂商的雇用总数一定是 $L(w) = \frac{n(a-w)}{n+1}$，从而工会自己的效用为

$$(w-w_0)L = (w-w_0)\frac{n(a-w)}{n+1}$$

令上述效用函数对 w 的偏导数为 0 得：

$$\frac{n}{n+1}(a+w_0-2w) = 0$$

解得：

$$w = \frac{(a+w_0)}{2}$$

因此该博弈的子博弈完美纳什均衡是：工会选择 $w = \frac{(a+w_0)}{2}$，每个厂商雇用工人数量为 $\frac{a-w}{n+1}$。

13. 如果学生在考试之前全面复习，考好的概率为 90%，如果学生只复习一部分重点，则有 50% 的概率考好。全面复习花费的时间 $t_1 = 100$ 小时，重点复习只需要花费 $t_1 = 20$ 小时。学生的效用函数为：$U = W - 2e$，其中 W 是考试成绩，有高低两种分数 W_h 和 W_l，e 为努力学习的时间。问老师如何才能促使学生全面复习？

参考答案：

本题中老师的调控手段是高分和低分的水平，或者高分和低分的差距，分数水平的作用与 3.5.4 节中工资奖金制度中奖金的作用相似，差别是本题中老师给学生高低分并没有成本，老师也不用考虑自己的收益或效用。

如果引进反映不确定性的博弈方 0，可以得到该博弈的扩展形如下：

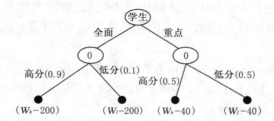

学生选择全面复习的期望得益是

$$U_1 = 0.9 \times (W_h - 200) + 0.1 \times (W_l - 200)$$

重点复习的期望得益：

$$U_2 = 0.5 \times (W_h - 40) + 0.5 \times (W_l - 40)$$

只有当 $U_1 \geqslant U_2$ 时学生才会选择全面复习。根据 $U_1 \geqslant U_2$ 我们可以算出 $W_h - W_l \geqslant 400$。这就是老师能够有效促使学生全面复习需要满足的条件。其实在奖学金与考试成绩挂钩时，$W_h - W_l$ 也可以理解成不同等级奖学金的差额。

14. 某人正在打一场官司，不请律师肯定会输，请律师后的结果与律师的努力程度有关。假设当律师努力工作（100 小时）时有 50% 的概率能赢，律师不努力工作（10 小时）则只有 15% 的概率能赢。如果诉讼获胜可得到 250 万元赔偿，失败则没有赔偿。因为委托方无法监督律师的工作,因此双方约定根据结果付费,赢官司律师可获赔偿金额的 10%,失败则律师一分钱也得不到。如果律师的效用函数为 $m-0.05e$,其中 m 是报酬,e 是努力小时数,且律师有机会成本 5 万元。求这个博弈的均衡。

参考答案:

这是一个努力成果不确定且不可监督的委托人-代理人博弈问题。但由于本博弈中在律师接受委托后,将按照预先约定的比例根据结果付费,因此委托人的选择比较简单,只需要选择是否提出委托。

引进表示随机性的博弈方 0,并计算出不同情况下双方的效用和利益,可以得到本博弈的扩展形如下(其中博弈方 1 是委托人,博弈方 2 是律师):

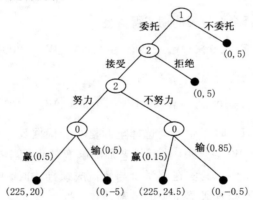

由于博弈方 0 是随机选择,因此我们直接用逆推归纳法从律师选择接受委托后是否努力工作的第三阶段开始分析。

根据努力和不努力两种情况下赢和输的概率,容易算出律师努力的期望效用是 $0.5 \times 20 + 0.5 \times (-5) = 17.5$,不努力的期望效用是 $0.15 \times 24.5 + 0.85 \times (-0.5) = 3.25$。因此在接受委托以后,律师的惟一选择是努力。

回到第二阶段律师对是否接受委托的选择。由于接受并努力工作的期望效用 17.5 大于不接受委托的利益,也就是接受委托的机会成本 5 万元,因此律师肯定接受委托。

再回到第一阶段委托人的选择。由于委托人可以判断一旦自己提出委托,律师一定会选择接受并努力工作,因此自己提出委托的期望利益是 $0.5 \times 225 + 0.5 \times 0 = 112.5$ 万元。不提出委托利益为 0。提出委托是必然的选择。

根据上述分析得到的结论是,打官司的某人提出委托,律师接受委托并努力工作,是本博弈的子博弈完美纳什均衡。

15. 上一题根据下面的情况改变后,再分别求博弈的子博弈完美纳什均衡。

(1) 律师努力工作时赢的概率改为 0.3。

(2) 赢官司时仍然是按原定比例付酬,输官司时委托人支付 20 000 元固定费用。

(3) 委托人可以选择委托合同中支付给律师的赔偿金比例。

解答提示:

(1) 仍然根据上一题的分析方法,重新计算期望得益即可得到结论。

(2) 把上一题输官司时的双方得益分别减、加 20 000 元后再分析。

(3) 委托人对付酬比例的选择必须满足参与约束和激励相容约束两个条件。可参考教材 3.4.4 相关内容。

第四章 重复博弈

4.1 本章要点

1. 博弈方预先有意识的静态或动态博弈的重复博弈过程称为"重复博弈"。重复有限次称"有限次重复博弈",重复不会结束的称"无限次重复博弈",会结束但结束时间不确定的称"随机结束的重复博弈"。随机结束的重复博弈与无限次重复博弈可以统一起来,只需要把博弈进行下去的概率综合进无限次重复博弈的时间贴现因子。重复博弈是特殊的动态博弈,重复进行的基本博弈称为"原博弈",每次重复也称为一个"阶段"。重复博弈代表现实中比较稳定的长期关系,在经济活动中很普遍,商业中的回头客就是典型的例子。虽然形式上只是重复进行基本博弈,但由于博弈方意识到博弈是重复过程以后,必然会考虑长期利益,因此重复博弈很可能与一次性博弈有很大差别。

2. 重复博弈中博弈方的策略是每次重复时如何行为的计划。重复博弈的路径由每个阶段博弈的策略组合串联而成。如果原博弈有 m 种策略组合,那么重复两次就有 m^2 条博弈路径,重复 T 次就有 m^T 条博弈路径。重复博弈也有子博弈概念,重复博弈的子博弈要么仍然是重复博弈,要么就是原博弈。子博弈完美纳什均衡分析和逆推归纳法及相关结论都可以推广到重复博弈中。

3. 重复次数较多的有限次重复博弈和无限次重复博弈必须考虑得益的时间价值差别。如果贴现率是 δ，一个 T 次重复博弈某博弈方各阶段得益为 $\pi_1, \pi_2, \cdots, \pi_T$，其总得益现在值为

$$\pi = \pi_1 + \delta\pi_2 + \delta^2\pi_3 + \cdots + \delta^{T-1}\pi_T = \sum_{t=1}^{T}\delta^{t-1}\pi_t$$

若无限次重复博弈某博弈方各阶段得益为 $\pi_1, \pi_2, \cdots$ 则总得益现在值是

$$\pi = \pi_1 + \delta\pi_2 + \delta^2\pi_3 + \cdots = \sum_{t=1}^{\infty}\delta^{t-1}\pi_t$$

如果一常数$\bar{\pi}$作为重复博弈（有限次重复或无限次重复）各个阶段的得益，能产生与得益序列 $\pi_1, \pi_2, \cdots$ 相同的总得益现在值，则称$\bar{\pi}$为 $\pi_1, \pi_2, \cdots$ 的"平均得益"。总得益现在值或平均得益是重复博弈分析的主要依据。

4. 重复博弈能否促进博弈方更合作和提高博弈效率，取决于原博弈的结构和重复博弈次数。(1) 零和博弈或其他严格竞争博弈的有限次和无限次重复博弈，都不可能产生比一次性博弈更理想的结果，博弈方的惟一选择是始终采用原博弈的混合策略纳什均衡策略，因为重复博弈不会改变博弈方之间的利益对立关系。(2) 有惟一纯策略纳什均衡博弈的有限次重复博弈也不比一次性博弈的结果理想，因为惟一的子博弈完美纳什均衡是各博弈方每次重复都采用原博弈的纳什均衡。重复次数较大时上述结论有一些疑问，与实验结果也不尽一致，重复囚徒的困境博弈和连锁店博弈就是这方面的悖论。(3) 有惟一纯策略纳什均衡博弈的无限次重复博弈中，如果存在潜在的合作利益，那么当未来利益很重要（δ 较大）时，通常能由触发策略构成某种子博弈完美纳什均衡实现这种利益，无限次重复博弈的民间定理（Folk theorem）进一步说明

任何程度的合作都能找到子博弈完美纳什均衡路径加以实现。(4) 有多个纯策略纳什均衡博弈的重复博弈,不管是有限次重复还是无限次重复博弈,都有可能实现一次性博弈无法实现的潜在合作利益,有限次重复博弈的民间定理进一步说明任何程度的合作都能找到子博弈完美纳什均衡路径加以实现。

5. 有限次重复囚徒的困境是有限次重复博弈最著名的悖论之一。囚徒的困境博弈的有限次重复博弈惟一的子博弈完美纳什均衡是,每次都采用原博弈的纯策略纳什均衡,也就是仍然无法摆脱囚徒的困境。由于该结论与人们的直觉经验不一致,该结论预言的随时会发生的寡头价格战其实并不那么普遍,而且实验研究的结果也不支持上述结论,因此这就成为一个悖论。这个悖论的根源其实与蜈蚣博弈是相似的,主要是在较多阶段的动态博弈中逆推归纳法和子博弈完美纳什均衡的适用性和逻辑矛盾。

6. 塞尔顿 1978 年提出的连锁店悖论是与重复囚徒的困境相似的一个悖论。连锁店悖论的模型是有限次重复市场进入博弈。这个重复博弈惟一的子博弈完美纳什均衡是每次重复都采用原博弈惟一的子博弈完美纳什均衡,即竞争者进入,连锁企业不打击。但该结论也与直觉经验明显不符,而且如果连锁企业对开头几个市场的竞争者进行打击,利用示范效应吓退其余市场潜在竞争者的利益是很明显的。这个悖论的内在根源也与有限次重复囚徒的困境博弈相同。

7. 重复博弈中博弈方首先试探合作,一旦发觉对方不合作则用不合作报复的策略,称为"触发策略"(trigger strategy)。触发策略的报复机制本身必须构成纳什均衡,否则触发策略就不是子博弈完美纳什均衡。触发策略是重复博弈中实现合作和提高均衡效率的关键机制,是重复博弈分析中构造子博弈完美纳什均衡的基本"构件"之一。触发策略在现实中有很多例证。触发策略也可能存在可信性的问题,因为触发策略在报复其他博弈方的时候,也可能对报复者自己造成损害,在重复博弈分析时必须注意这个问题。

8. 在有多重纳什均衡博弈的重复博弈中,轮流采用原博弈的不同纳什均衡的策略常称为"轮换策略"。轮换策略肯定是子博弈完美纳什均衡。轮换策略也是重复博弈的常用策略之一,与触发策略的区别是博弈方的选择都是无条件的。触发策略的优点是不同博弈方偏好原博弈的不同均衡时,这种策略比较公平和容易被接受。

9. 有限次重复博弈民间定理:设原博弈的一次性博弈有均衡得益数组优于各博弈方在一次性博弈中最差均衡得益构成的得益数组,那么在多次重复博弈中,所有不小于个体理性得益(individual rationality payoff,即博弈方保证能获得的得益)的可实现得益(feasible payoff,博弈中所有纯策略组合得益的加权平均数组),都至少有一个子博弈完美纳什均衡的极限的平均得益来实现它们。这个定理在有人正式证明并发表之前就是博弈理论界众所周知和认为当然成立的,因此称"民间定理"。

10. 无限次重复博弈民间定理:设 G 是一个完全信息的静态博弈。用 $(e_1, \cdots, e_n)$ 记 G 的纳什均衡的得益,用 $(x_1, \cdots, x_n)$ 表示 G 的任意可实现得益。如果 $x_i > e_i$ 对任意博弈方 i 都成立,而 δ 足够接近 1,那么无限次重复博弈 $G(\infty, \delta)$ 中一定存在一个子博弈完美纳什均衡的各博弈方平均得益是 $(x_1, \cdots, x_n)$。这个无限次重复博弈的民间定理是弗里德曼(Friedman)于 1971 年提出的,也称为民间定理是因为它与有限次重复博弈民间定理的相似性。

11. 标准的古诺产量竞争博弈模型有惟一的纯策略纳什均衡,有限次重复古诺产量博弈惟一的子博弈完美纳什均衡是重复一次性博弈的纳什均衡,也即古诺产量。在无限次重复博弈中寡头之间有可能实现合作:(1) 反映远期利益重要性的贴现率 δ 超过一定临界值时,各厂商可采用先试探在垄断产量上合作,一旦对方不合作,则以古诺产量报复的触发策略,这是有最高合作效率的子博弈完美纳什均衡;(2) 如果 δ 小于上述临界值,那么运用类似的触发策略可能实现在介于古诺产量和垄断产量之间某个水平上的合作;(3) 同样在 δ 小于上述临界值的情况下,如果加大触发策略中的惩罚力度,并可以根据偏离者认识错误的特定信号撤消惩罚,则在无限次重复古诺模型中仍可能在垄断产量上合作。重复古诺模型博弈的例子也是很多的,石油输出国组织(OPEC)成员国的限产问题用这种重复博弈解释其实也更好。

12. 有效工资率(efficiency wages)无限次重复博弈模型是关于工资率决定和劳动激励的众多博弈模型之一。这个模型揭示了企业经营者不能只是以压低雇员工资为目标,必须考虑用适当的高工资激励员工努力,应该在考虑到工人对工资率反应的情况下确定最有效率的工资率。这个博弈模型在现代经济学中有非常重要的作用。

4.2 教材习题

1. 如果 T 次重复齐威王田忌赛马,双方在该重复博弈中的策略是什么? 博弈结果如何?

参考答案:

齐威王田忌赛马博弈是只有混合策略纳什均衡的严格竞争零和博弈,对一方有利的策略组合总是对另一方不利,没有一个策略组合双方同时愿意接受。根据关于两人零和博弈有限次重复博弈的结论,T 次重复该博弈时双方的策略是每次都采用原博弈的混合策略,即都以 1/6 的相同概率在各自的六个可选策略中随机选择。这就是该重复博弈惟一的子博弈完美纳什均衡。期望平均得益仍然是齐威王 1、田忌 -1。

2. 举出现实生活中的一个重复博弈与一次性博弈效率不同的例子。

参考答案：

　　火车站和机场餐饮商业服务的顾客往往都是一次性的,回头客、常客比较少,这些经济交易具有一次性博弈的特征,它们的价格总是较高而质量又会差一些,顾客也会尽量不在这些地方购买商品和消费。在一般商业区和居民区的餐饮商业服务则回头客和常客较多,有明显的重复博弈特征,在居民区购买商品和消费的老顾客一般能得到比较公平、优惠的价格,还能得到较好的服务,甚至有些还可以信用消费(赊账),因此消费者一般会比较放心地消费。这就是现实生活中重复博弈和一次性博弈效率不同的典型例子之一。

3. 有限次重复博弈和无限次重复博弈有什么区别？这些区别对我们有什么启发？

参考答案：

　　从研究对象和问题特征看,有限次重复博弈研究的主要是有明确结束时间的(合作、竞争等)关系,无限次重复博弈研究的主要是没有明确结束时间,或者较长期的关系。

　　从分析方法的角度,动态博弈和重复博弈分析中常用的逆推归纳法在无限次重复博弈中无法直接运用,因为没有最后一次重复。因此无限次重复博弈分析的主要方法是构造法,即根据特定效率意义等构造子博弈完美纳什均衡。此外,也可以运用某些技巧解决问题,如教材中利用三阶段讨价还价博弈分析无限阶段讨价还价博弈的技巧。

第四章 重复博弈

从博弈的结果看,无限次重复博弈的效率往往高于有限次重复博弈,有些在有限次重复博弈中无法实现的效率较高的结果,在无限次重复博弈中有可能实现。例如囚徒的困境型博弈的无限次重复博弈和有限次重复博弈就体现了这种差别。两类重复博弈民间定理的差异也说明了这一点。

最后,在重复次数不多的有限次重复博弈中不一定要考虑得益贴现问题,在无限次重复博弈问题中这是必须考虑的。

上述区别在理论方面对我们最主要的启发是重视有限次和无限次重复博弈的区别,区分研究这两类博弈问题是非常重要的,在实践方面的主要启发是促进和保持经济关系的长期稳定性,对于提高社会经济效率等常常有非常重要的意义。

4. 若三次重复 2.3.1 的古诺模型,子博弈完美纳什均衡是什么?

参考答案:

2.3.1 的古诺模型是一个典型的囚徒的困境型博弈,有惟一的纯策略纳什均衡。根据关于有惟一纯策略纳什均衡的有限次重复博弈的定理,这个三次重复博弈的子博弈完美纳什均衡是,两个厂商在每次重复时都会采用一次性博弈的纳什均衡,也就是 2 单位的古诺产量。

5. 分析两次重复 2.4.2 中制式问题时双方的均衡策略。

参考答案:

教材 2.4.2 中制式问题的得益矩阵如下:

		厂商 2	
		A	B
厂商 1	A	1, 3	0, 0
	B	0, 0	2, 2

很显然,该博弈有两个纯策略纳什均衡(A,A)和(B,B),而且两个纯策略纳什均衡相互之间没有帕累托意义上的优劣关系,厂商1偏好后者而厂商2偏好前者。本博弈还有一个混合策略纳什均衡,期望得益更低,因为有一定的概率,结果是(A,B)和(B,A)。

根据重复博弈子博弈完美纳什均衡的定义,上述原博弈的两次重复博弈的子博弈完美纳什均衡有好多种,包括两次重复原博弈的纯策略纳什均衡(A,A)或(B,B),一次采用(A,A)和一次采用(B,B),此外还有重复混合策略纳什均衡,或者先后采用一次混合策略均衡和一次两纯策略纳什均衡之一。因为上述各种策略组合都是子博弈完美纳什均衡,而且其中没有对双方都比较有利的,因此在没有更多信息的情况下,该重复博弈的结果并不能完全确定。

6. 两次重复下面的得益矩阵表示的静态博弈。如果你是博弈方1,你会采用怎样的策略。

		博弈方2		
		L	R	S
博弈方1	T	3,1	1,0	1,1
	M	2,1	8,7	12,0
	B	1,1	0,11	10,10

参考答案:
用画线法容易找出该博弈的两个纯策略纳什均衡(T,L)和(M,R)。这两个纳什均衡的得益都帕累托劣于(B,S)。一次性博弈中效率较高的(B,S)不可能实现。但该博弈的结构表明存在双方合作的利益,在两次重复博弈中也有构造惩罚机制的条件,因此我会考虑运用试探合作的触发策略争取部分实现(B,S),提高博弈的效率。

我作为博弈方1会采用这样的触发策略:第一次重复采用B;第二次重复时,如果前一次的结果是(B,S),则采用M,如果前一次的结果是其他,则采用T。

如果另一个博弈方有同样的分析能力,或者比较有经验,那么他(或她)也会采用相似的触发策略:在第一次重复时采用S;第二次重复时,如果前一次的结果是(B,S),则采用R,否则采用L。

双方采用上述触发策略构成一个子博弈完美纳什均衡,因此是稳定的。这时候前一次重复实现了(B,S),提高了博弈的效率。

当然,上述触发策略也是有风险的,因为当另一个博弈方不理解和没有采用上述策略时,我的得益会较低。当然如果考虑到人们具有学习进步的能力,而且缺乏分析和学习能力,采用效率较低策略的博弈方长期中会逐步被淘汰掉,那么采用上述触发策略的合理性就得到了进一步的支持。

7. 两次重复下面这个得益矩阵表示的两人静态博弈。问能否有一个子博弈完美纳什均衡策略组合,实现第一阶段的得益是(4,4)?如能,给出双方的策略,如不能,证明为什么不能。如果策略组合(下,左)的得益改为(1,5)会发生什么变化,至少能在部分阶段实现得益(4,4)的条件是什么?

		博弈方2		
		左	中	右
博弈方1	上	3,1	0,0	5,0
	中	2,1	1,2	3,1
	下	1,2	0,1	4,4

参考答案:

上述静态博弈有两个纯策略纳什均衡(上,左)和(中,中)。由于策略组合(下,右)实现的得益(4,4)对博弈方2来说已是最理想的,因此博弈方 2 不会有偏离动机,只有博弈方 1 可能有偏离动机,因此可以设计如下制约博弈方 1 行为的触发策略。

博弈方 1:第一阶段采取下;第二阶段采取上。

博弈方 2:第一阶段采取右;第二阶段,如果第一阶段的结果是(下,右),则采取左,否则采取中。

不难验证该策略组合是一个子博弈完美纳什均衡,其中第二阶段采用(上,左)相当于是对博弈方 1 的奖励,采用(中,中)则相当于对博弈方 1 的惩罚。

将(下,左)的得益改为(1,5)情况会发生质变。因为此时第一阶段两博弈方都有偏离(下,右)的动机,而上述博弈中又不存在在同一个阶段中同时对两个博弈方惩罚或奖励的纳什均衡,因此重复两次时不可能存在子博弈完美纳什均衡部分实现(4,4)得益。

至少在部分阶段实现得益(4,4)的条件是重复博弈的次数达到三次或以上,或者得益进一步改变到(下,右)是原博弈的纳什均衡。

8. 求出下列得益矩阵表示的静态博弈的纳什均衡,并说明有限次和无限次重复该博弈时两博弈方的均衡策略。

博弈方 2

		L	R
博弈方 1	T	8,6	4,10
	M	4,8	6,4
	D	2,0	0,2

参考答案:

首先很容易看出,博弈方 1 的 D 策相对于 T 策和 M 策都是严格下策,因此可以消去。消去博弈方 1 的 D 策后四个策略组合中不存在纯策略纳什均衡。根据混合策略纳什均衡的计算方法,不难算出混合策略纳什均衡为:博弈方 1 以概率分布(1/2,1/2)

在 T 和 M 中随机选择,博弈方 2 则以概率分布(1/3, 2/3)在 L 和 R 中随机选择。

由于上述静态博弈是没有纯策略纳什均衡的严格竞争博弈,因此在有限次重复博弈和无限次重复博弈中,两博弈方的均衡策略都是简单重复原博弈的混合策略纳什均衡。

4.3 补充习题

1. 判断下列表述是否正确,并作简单讨论:
(1) 有限次重复博弈的子博弈完美纳什均衡每次重复采用的都是原博弈的纳什均衡。
(2) 有限次重复博弈的子博弈完美纳什均衡的最后一次重复必定是原博弈的一个纳什均衡。
(3) 无限次重复博弈均衡解的得益一定优于原博弈均衡解的得益。
(4) 无限次重复古诺产量博弈不一定会出现合谋生产垄断产量的现象。
(5) 如果博弈重复无限次或每次结束的概率足够小,而得益的时间贴现率 δ 充分接近 1,那么任何个体理性的可实现得益都可以作为子博弈完美纳什均衡的结果出现。
(6) 触发策略所构成的均衡都是子博弈完美纳什均衡。

参考答案:

(1) 错误。对于有两个及以上纯策略纳什均衡博弈的有限次重复博弈,子博弈完美纳什均衡在前面某些次重复时采用的可以不是原博弈的纳什均衡,例如许多触发策略。

(2) 正确。因为最后一次重复就是动态博弈的最后一个阶段,根据子博弈完美纳什均衡的要求,博弈方在该阶段的选择必须构成纳什均衡。因为最后一次重复就是原博弈本身,因此该纳什均衡就是原博弈的一个纳什均衡。

(3) 错误。对于严格竞争的零和博弈，或者不满足合作条件的其他许多博弈来说，无限次重复博弈并不意味着效率的提高，得益不一定高于原博弈的得益。

(4) 正确。在无限次重复古诺产量博弈时出现合谋生产垄断产量的均衡是有条件的，主要是厂商的长远利益要有足够的重要程度(由远期利益的贴现率反映)。

(5) 正确。这正是无限次重复博弈民间定理的结论。

(6) 错误。触发策略本身并不能排除重复博弈中不可信的威胁或承诺，因此由触发策略构成的均衡并不一定是子博弈完美纳什均衡。

2. 试分析三次重复下列得益矩阵所表示的两人对称静态博弈的均衡和效率。

博弈方 2

		A	B	C
博弈方 1	A	1, 1	5, 0	0, 0
	B	0, 5	4, 4	0, 0
	C	0, 0	0, 0	3, 3

参考答案：

上述两人对称静态博弈有两个纯策略纳什均衡(A, A)和(C, C)，得益分别为(1, 1)和(3, 3)。但在这个博弈中总体效率更高的是另一个非纳什均衡的策略组合(B, B)。在一次性博弈中，该博弈较理想的结果是双方采用纳什均衡(C, C)。

三次重复该博弈的子博弈完美纳什均衡有很多种，包括每次采用同一个纳什均衡或者轮流采用不同的纳什均衡，但其中效率最高的是如下触发策略构成的子博弈完美纳什均衡。

博弈方 1:第一次博弈选择 B;第二次重复,如果第一次结果为(B, B),则第二次继续选择 B,否则选择 A;第三次重复,如果前二次结果都为(B, B),则第三次选择 C,否则选择 A。

博弈方 2:同博弈方 1 策略。

不难验证上述策略组合构成该重复博弈的子博弈完美纳什均衡。均衡路径为前两次都采用策略组合(B, B),第三次是纳什均衡(C, C),双方总得益都是 11,比简单重复原博弈的纳什均衡更高。

3. 若 10 次重复导论中图 1.12 的先来后到博弈,子博弈完美纳什均衡是什么?

参考答案:

导论中图 1.12 的先来后到博弈的扩展形表示如下:

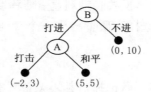

该动态博弈一次性博弈的子博弈完美纳什均衡是 B 打进而 A 和平,双方各得 5 单位的得益。

对 10 次重复博弈,可以用逆推归纳法进行分析。在最后一次,也就是第 10 次重复时,如果 B 已经打进,那么因为 A 和平的得益高于打击的得益,因此他会选择和平。B 可以预料 A 的上述选择,因此会选择打进。回到第 9 次重复,因为第 10 次重复的双方策略都是无条件的,不会受到该次重复中双方选择的影响,因此两个厂商仍然都会选择本次重复的最优策略,A 的选择仍然是和平,B 仍然是打进。以此类推,不难发现这个 10 次重复博弈的子博弈完美纳什均衡就是重复原博弈的子博弈完美纳什均衡。这实际上就是有名的"连锁店悖论"。

4. 一个厂商有许多顾客。每个顾客可能只买一次或有限次该厂商的商品,但厂商与顾客总体的交易可以看作无限次重复的。在博弈的每一个阶段,厂商选择销售商品的质量,顾客选择是否购买。如果双方的得益如下列矩阵所示,顾客决定是否购买时不知道所买产品的质量,但知道所有以前的顾客购买产品的质量。请问在什么情况下厂商会始终只销售高质量的商品。

		顾客	
		买	不买
厂商	高质量	1, 1	0, 0
	低质量	2, −1	0, 0

解答提示:

本题关键要回答当反映长期利益重要程度的贴现率 δ 达到什么水平时,厂商始终选择高质量构成一个合理的子博弈完美纳什均衡。

参考答案:

由于假设顾客与厂商选择前都不知道对方的选择,因此原博弈是一个静态博弈。不难看出,阶段博弈惟一的纳什均衡是(低质量,不购买),双方得益(0, 0)。效率高的(高质量,买)不是纳什均衡,因此一次性博弈的结果是不理想的。

在无限次重复博弈中,我们构造下列触发策略组合。

厂商策略: 第一阶段销售高质量商品;如果以前阶段一直销售高质量商品且顾客总是购买,则继续销售高质量商品,否则销售低质量商品。

顾客策略: 第一个顾客选择购买;第二个及以后的顾客的选择是,如果厂商以前未卖过低质量商品时选择买,否则不买。

首先分析厂商的策略。给定消费者的策略,如果厂商销售低质量商品,可以得到 2 单位短期利润,但以后每阶段利润均为 0,

因为顾客不再购买;如果厂商总是卖高质量商品,则每一阶段都得到1单位利润。设厂商长期利益的贴现率为δ,那么当

$$1\times(1+\delta+\delta^2+\cdots)=\frac{1}{1-\delta}\geqslant 2$$

也就是$\delta\geqslant 1/2$时,厂商会始终销售高质量商品,否则就会一开始就销售低质量商品。如果以前曾经销售过低质量商品,那么因为顾客不会再购买,因此永远销售低质量商品是不合理的。这说明贴现率$\delta\geqslant 1/2$是给定顾客的策略时,厂商采用上述触发策略的关键。

现在分析顾客的策略。因为$\delta\geqslant 1/2$不成立时厂商不会坚持上述触发策略,因此我们直接假定它成立。由于每个顾客进行的不是重复博弈,因此顾客关心的仍然是当前得益,预期本阶段商品高质量会购买,否则不购买,也不需要考虑贴现率问题。先讨论第一阶段顾客的选择。根据厂商的策略,厂商第一阶段会销售高质量商品,因此该阶段顾客应该选择买。再考虑以后各阶段顾客的选择。给定厂商的策略,如果其以前未销售过低质量商品,它就会继续销售高质量商品,顾客应该买;如果其曾卖过低质量商品,肯定会继续卖低质量商品,顾客应选择不买。

因此,在这个厂商和顾客群体之间的无限次重复博弈中,只要厂商远期利益的贴现率$\delta\geqslant 1/2$,那么上述触发策略组合就是一个子博弈完美纳什均衡,厂商会坚持卖高质量商品。$\delta\geqslant 1/2$正是本题要找的关键条件。

5. 为什么消费者偏好去大商店买东西而不太信赖走街穿巷的小商贩?

参考答案:

大商店与消费者群体之间有上一题博弈模型描述的重复博弈

关系。根据上一题分析结论可知,虽然个别消费者不一定能对商店以往售出商品的质量作出反应,但消费者群体肯定可以作出反应,因此大商店保持高质量符合自己的长期利益,一般会自觉保证质量,从而消费者也比较可以信任大商店的商品。

对于走街穿巷的小商贩,无论是个别消费者还是消费者群体,与他们的博弈可能都是一次性而非重复的,因此消费者无法对他们售出商品的质量作出反应,从而也就缺乏保证小商贩商品质量的机制,消费者当然不太可能信任走街穿巷小商贩的商品质量,除非是常年在同一地方推销的小商贩。

6. 在下列囚徒的困境博弈的重复博弈中,如果贴现因子 $\delta = 1$,问两博弈方都采用"开始时不坦白,第 t 阶段则采用对方第 $t-1$ 阶段策略"的"以牙还牙"策略,是否构成子博弈完美纳什均衡。

		囚徒 2	
		坦白	不坦白
囚徒 1	坦白	−5, −5	0, −8
	不坦白	−8, 0	−1, −1

参考答案:

我们分有限次重复博弈和无限次重复博弈两种情况讨论。

首先讨论有限次重复博弈。上述囚徒的困境博弈的一次性博弈有惟一的纯策略纳什均衡(坦白,坦白)。根据关于囚徒的困境型博弈有限次重复博弈的一般结论,有限次重复博弈惟一的子博弈完美纳什均衡是始终采用原博弈的纳什均衡(坦白,坦白),因此上述"以牙还牙"策略肯定不是子博弈完美纳什均衡。

再分析无限次重复博弈。首先由于贴现因子 $\delta = 1$,因此只要不是从某阶段后得益都为 0,两个博弈方长期总得益的现在值肯定都是无穷大,只能根据平均得益进行分析。假设囚徒 1 采用了这种策略,我们分析一下囚徒 2 应该采用、坚持还是应该偏离这种策略。由于从任一阶段开始偏离都是相同的,因此我们不妨设囚徒 2 从第一阶段开始就考虑是否偏离。如果囚徒 2 坚持,那么长期中每阶段的平均得益是 -1;假如第一阶段就偏离,单独采取"坦白",那么该阶段能获得 0,但第二阶段囚徒 1 也会"坦白",如果囚徒 2 第二阶段仍然"坦白",则得益 -5,而且还会导致囚徒 1 第三阶段继续报复,如果囚徒 2 第二阶段改"不坦白",则将得到 -8,总之前两个阶段平均得益明显小于 -2.5。第二阶段以后的选择与前面相同。因此,给定囚徒 1 采用了上述"以牙还牙"策略,囚徒 2 在第一阶段采用和坚持这种策略符合自己的最大利益。以此类推,囚徒 2 每阶段都坚持这种策略是符合自己利益的。由于两囚徒的情况相同,因此在囚徒的困境博弈的无限次重复博弈中,双方都采用上述以牙还牙策略确实构成子博弈完美纳什均衡。

事实上,$\delta = 1$ 时实现双方合作结果的子博弈完美纳什均衡有许多种。读者不妨自己构造一两种并进行分析。

7. 如果上一题中策略组合(不坦白,不坦白)的得益数组改为 $(-4.5, -4.5)$,上述"以牙还牙"策略是否是子博弈完美纳什均衡。

解答提示:
  用上一题同样的方法进行分析。关键是计算无限次重复博弈中一个囚徒单独偏离该策略能否得到更大的平均利益。

8. 如果两个厂商的价格博弈中,都采用垄断价格(合作)各自得到垄断利润的一半,一个厂商单独略微削价则可独得全部垄断利润,恶性竞争(价格一直降到边际成本)则利润都为 0。问
 (1) 如果它们进行的是无限次重复博弈,双方合作的条件是什么?

(2) 这种无限次重复价格博弈的子博弈完美纳什均衡是不是惟一的？

解答提示：

该题的关键也是找保证双方合作是子博弈完美纳什均衡的贴现因子 δ。先构造触发策略,然后确定 δ 的范围。

参考答案：

(1) 我们先构造如下双方对称的包含合作的触发策略：在第一阶段采用垄断价格；在第 t 阶段,如果前 $t-1$ 阶段双方都是垄断价格,则继续采用垄断价格,否则永远进行恶性竞争。

只需分析两个厂商中任一个的选择。假设另一个厂商采用了上述策略,那么这时候考察厂商坚持该策略可长期得到垄断利润的一半 $\pi_m/2$；如果考察厂商偏离上述策略,单独降价,当期可获得全部垄断利润 π_m,以后各期则因为恶性竞争而利润为 0。如果贴现因子为 δ,那么只要

$$\frac{\pi_m}{2} \cdot (1+\delta+\delta^2+\cdots) \geqslant \pi_m$$

也就是 $\delta \geqslant 1/2$,考察厂商坚持合作,始终采用垄断价格是正确的选择。由于两个厂商是对称的,因此当 $\delta \geqslant 1/2$ 时,双方采用上述触发策略构成这个重复博弈的一个子博弈完美纳什均衡。$\delta \geqslant 1/2$ 就是两厂商在无限次重复博弈中合作的条件。

(2) 其实当 $\delta \geqslant 1/2$ 时,两个厂商可以在边际成本到垄断价格之间的任何价格水平上实现合作。因为我们不难以这些价格为基础构造同样的触发策略,而且证明 $\delta \geqslant 1/2$ 时是子博弈完美纳什均衡。因此这种重复博弈的子博弈完美纳什均衡显然不是惟一的。不过,由于在非垄断价格上合作的双方利润小于在垄断价格上合作的利润,因此其他均衡的意义并不大。

9. 利用上一题的重复价格博弈模型论证，一个寡头市场上的寡头数量越多，越不容易维持垄断高价。

参考答案：

假设上一题重复价格博弈模型的厂商改为 n 个，不难证明所有厂商在垄断价格上合作的触发策略是子博弈完美纳什均衡的条件，是

$$\frac{\pi_m}{n}(1+\delta+\delta^2+\cdots) \geqslant \pi_m$$

即 $\delta \geqslant \dfrac{n-1}{n}$。很显然，随着 n 的增大，贴现率的临界值也越来越大，满足这个条件的难度也越来越大，在垄断价格上合作的触发策略是子博弈完美纳什均衡的可能性越来越小，维持垄断高价必然越来越困难。结论得证。

10. 寡头的古诺产量博弈中，如果市场需求 $P=130-Q$，边际成本 $c=30$ 且没有固定成本，贴现因子 $\delta=0.9$。如果该市场有长期稳定性，问两个厂商能否维持垄断产量？

解答提示：

因为市场有长期稳定性，因此可以把两寡头之间的产量博弈看作无限次重复博弈，讨论能否构造双方在垄断产量上合作的子博弈完美纳什均衡。

参考答案：

首先分析上述产量博弈的一次性博弈的纳什均衡。根据假设，两个厂商的利润函数为：

$$\pi_1 = (130-q_1-q_2)q_1 - 30q_1$$
$$\pi_2 = (130-q_1-q_2)q_2 - 30q_2$$

利用反应函数法不难求出纳什均衡产量（古诺产量）为

$$q_1 = q_2 = \frac{100}{3}$$

此时两个厂商的利润为

$$\pi_1 = \pi_2 = \frac{10\,000}{9}$$

现在分析垄断产量。市场总利润函数是：

$$\pi = (130 - Q) \cdot Q - 30Q$$

很容易求得市场总利润最大化的总产量是：

$$Q_m = 50$$

垄断利润为

$$\pi_m = (130 - Q_m) \cdot Q_m - 30Q_m = 2\,500$$

由于市场是长期稳定的，因此我们把两个厂商的产量博弈看作无限次重复博弈。假设两厂商都采用开始时生产垄断产量的一半，一旦一方偏离就永远生产古诺产量的触发策略。这样如果两个厂商都坚持合作，那么两个厂商每阶段各得 1 250，长期总利润的现在值是：

$$1\,250(1 + \delta + \delta^2 + \cdots) = \frac{1\,250}{1 - \delta} = 12\,500$$

如果有一个厂商(设为厂商 1)偏离，那么因为它的利润函数为：

$$\pi_1 = (130 - 25 - q_1) \cdot q_1 - 30q_1$$

因此它会生产产量：

$$q_1 = 37.5$$

其当前阶段利润为

$$\pi_1 = 67.5 \times 37.5 - 30 \times 37.5 = 1\,406.25$$

而此后每阶段都只能生产古诺产量和得到利润 10 000/9。因此偏离的长期总利润现在值为：

$$1\,406.25 + \frac{10\,000}{9} \times (\delta + \delta^2 + \cdots)$$
$$= 1\,406.25 + \frac{10\,000}{9} \times \frac{0.9}{1-0.9}$$
$$= 11\,406.25$$

因为 $12\,500 > 11\,406.25$，因此坚持垄断产量显然是正确的选择。这说明在模型假设下，双方都采用上述触发策略是本博弈的子博弈完美纳什均衡，长期维持垄断产量是可能的。

11. 如果上一题厂商 1 的边际成本改为 10，厂商 2 的边际成本仍然是 30。假设该市场仍然是长期稳定的，而且两个厂商之间已经达成了厂商 1 生产 3/4，厂商 2 生产 1/4 的垄断产量分配协议，问这种协议是否能够长期维持？

参考答案：

首先求一次性产量博弈的纳什均衡产量。两个厂商利润函数为：

$$\pi_1 = (130 - q_1 - q_2)q_1 - 10q_1$$
$$\pi_2 = (130 - q_1 - q_2)q_2 - 30q_2$$

用反应函数法，不难求得纳什均衡产量为：

$$q_1 = \frac{140}{3}, \quad q_2 = \frac{80}{3}$$

此时两个厂商的利润分别为 19 600/9 和 6 400/9。

再计算垄断产量和相应的利润。市场总利润函数为：

$$\pi = (130-Q)Q - \frac{3}{4}\times 10\times Q - \frac{1}{4}\times 30\times Q = (130-15)Q - Q^2$$

可以求出利润最大化的总垄断产量是 57.5。按分配协议两个厂商分别占 43.125 和 14.375，各自利润为 2 695.312 5 和 610.937 5。

假设两个厂商采用与上一题相似的触发策略。那么如果两个厂商都不偏离触发策略，长期总利润的现在值分别为：

$$\frac{2\,695.312\,5}{1-\delta} = 26\,953.125$$

$$\frac{610.937\,5}{1-\delta} = 6\,109.375$$

如果厂商 1 偏离垄断产量的份额，那么因为：

$$\pi_1 = (130 - 14.375 - q_1)q_1 - 10q_1$$

因此该阶段厂商 1 会生产 $q_1 = 52.812\,5$，得到利润 $\pi_1 = 2\,789.16$。但此后所有阶段都只能生产古诺产量，得到利润 19 600/9。因此长期中总利润的现在值是

$$2\,789.16 + \frac{19\,600}{9}\times(\delta+\delta^2+\cdots)$$

$$= 2\,789.16 + \frac{19\,600}{9}\times \frac{0.9}{1-0.9}$$

$$= 22\,389.16$$

因为 26 953.125 > 22 389.16，厂商 1 不会选择偏离垄断产量份额。

如果厂商 2 偏离垄断产量的份额，那么因为：

$$\pi_2 = (130 - 43.125 - q_2)q_2 - 30q_2$$

因此厂商 2 该阶段会生产 $q_2 = 28.4375$，得到利润 $\pi_2 = 808.691\,406\,3$。但此后所有阶段都只能生产古诺产量，得到利润 6 400/9。因此长

期中总利润的现在值为：

$$808.6914 + \frac{6400}{9} \times (\delta + \delta^2 + \cdots)$$

$$= 808.6914 + \frac{6400}{9} \times \frac{0.9}{1-0.9}$$

$$= 7208.6914$$

因为 $7208.6914 > 6109.375$，因此厂商 2 必然会偏离垄断产量份额。

根据上面的分析可以看出，双方根据协议的份额生产垄断产量不是该无限次重复博弈的子博弈完美纳什均衡，因此这种协议是肯定不可能长期维持的。

12. 两个人合作开发一项产品，能否成功与两个人的工作态度有关，设成功概率如下：

		B	
		努力	偷懒
A	努力	9/16	3/8
	偷懒	3/8	1/4

再假设成功时每人有 **4** 单位利益，失败则双方都没有利益，偷懒本身有 **1** 单位利益。问该博弈无限次重复博弈的均衡是什么？

参考答案：

根据问题的假设，该博弈的得益矩阵如下：

		B	
		努力	偷懒
A	努力	9/4, 9/4	3/2, 5/2
	偷懒	5/2, 3/2	2, 2

一次性博弈是一个明显的囚徒的困境型博弈，惟一的纳什均

衡是两个人都偷懒,双方的期望得益都是2。

在无限次重复博弈中,假设双方为了在共同努力方面实现合作采取如下的触发策略:开始时努力,一旦发现对方不努力,则自己也偷懒。我们可以分析当贴现因子 δ 符合什么条件时,该策略组合构成子博弈完美纳什均衡,因而会是双方的最佳选择。

我们假设 A 已采用这种策略,讨论 B 也采用这样的策略是否符合自己的最佳利益。如果 B 采用这种触发策略,那么每次都能得到9/4,长期总得益的现在值为:

$$\frac{9}{4}(1+\delta+\delta^2+\cdots)=\frac{9}{4(1-\delta)}$$

如果 B 偏离这种策略,那么能够得到一次5/2,以后每次都只能得到2,长期总得益的现在值是:

$$\frac{5}{2}+2\times(\delta+\delta^2+\cdots)=\frac{1}{2}+\frac{2}{(1-\delta)}$$

当满足:

$$\frac{9}{4(1-\delta)}\geqslant\frac{1}{2}+\frac{2}{(1-\delta)}$$

也就是 $\delta \geqslant 1/2$ 时,B 采用这种触发策略是正确的,否则偏离是合理的。

由于两个博弈方情况相同,因此结论应该是,当 $\delta \geqslant 1/2$ 时两博弈方都采用上述触发策略是本博弈的子博弈完美纳什均衡。如果 $\delta < 1/2$,则上述触发策略组合不是子博弈完美纳什均衡,两人都会采取偷懒策略。

13. 博弈方甲和博弈方乙进行一个两个阶段博弈,两个阶段分别是下列得益矩阵所示的静态博弈。请问(1)在一次性博弈中双方各会采取什么策略?(2)如果这两个阶段博弈要无限次

重复下去双方又会采取什么样的策略？

	乙	
	L_1	R_1
甲 U_1	2, 2	−1, 3
甲 D_1	3, −1	0, 0

	乙	
	L_2	R_2
甲 U_2	6, 4	3, 3
甲 D_2	3, 3	4, 6

参考答案：

(1) 一次性博弈是两阶段都有同时选择的动态博弈，可以用逆推归纳法分析。首先第二阶段的静态博弈有两个纯策略纳什均衡(U_2, L_2)和(D_2, R_2)，还有一个混合策略纳什均衡，两博弈方都以$(1/2, 1/2)$的概率分布在自己的两个策略中随机选择。三个纳什均衡的得益和期望得益分别为$(6, 4)$、$(4, 6)$和$(4, 4)$。从效率角度混合策略纳什均衡最差，但由于两个纯策略纳什均衡没有帕累托意义上的优劣关系，两博弈方各自偏好不同的均衡，因此两博弈方更可能采用混合策略纳什均衡，除非他们之间有其他的默契。

再分析第一阶段的静态博弈。不难发现这个静态博弈是典型的囚徒困境型博弈，惟一的纳什均衡是(D_1, R_1)，双方得益是$(0, 0)$。

该博弈的一次性博弈中，双方的策略是第一阶段采用前一个静态博弈惟一的纯策略纳什均衡(D_1, R_1)，第二阶段则采用第二个博弈的混合策略。

(2) 由于这个两阶段博弈中两个博弈方两阶段的策略之间是独立的，没有制约关系，而且无论第一阶段博弈结果如何都要进行第二阶段博弈，因此无限次重复博弈比较简单的分析思路，是把该重复博弈理解成原博弈两个阶段博弈各自无限次重复博弈的叠加，分别讨论博弈方在两个重复博弈中的策略。这相当于分两部分构造整个博弈的无限次重复博弈策略。

先分析第一阶段静态博弈的无限次重复博弈。已知第一阶段博弈是囚徒困境型博弈，有惟一的纯策略纳什均衡(D_1，R_1)。这种类型的无限次重复博弈教材中早已作过分析，上一题也是这样的问题。运用相同的分析思路不难得出结论，只要贴现因子$\delta \geqslant 1/3$（这通常都成立），那么双方都采用"先采用合作的U_1或L_1，一旦发现对方偏离合作，即采用R_1或D_1，则也不合作，采用D_1或R_1"的触发策略，构成这部分重复博弈的子博弈完美纳什均衡。结果是双方每阶段都采用(U_1，L_1)，得益为理想的(2，2)。如果$\delta < 1/3$，上述触发策略当然不构成子博弈完美纳什均衡，无限次重复博弈也无法摆脱囚徒的困境。（读者可自行对上述触发策略和δ的临界值作一些推导。）

第二阶段静态博弈无限次重复博弈双方的策略其实很简单。对双方来说效率都比较高，而且也是比较公平的。子博弈完美纳什均衡是双方采用轮换策略，包括先采用(U_2，L_2)和先采用(D_2，R_2)两种可能性。如果贴现因子比较大（接近1），先采用哪个均衡差别很小，如果贴现因子比较小，那么先采用哪个均衡差别会大一些，但没有其他信息的情况下我们无法判断哪个均衡应该先被采用。

综合上述分析可以得出结论，在通常情况$\left(\delta \geqslant \dfrac{1}{3}\right)$下上述两阶段博弈的无限次重复博弈中，两博弈方对第一阶段静态博弈都采用触发策略，而对第二阶段静态博弈采用轮换策略，是实现最理想结果的子博弈完美纳什均衡。

还可以进一步讨论通常不大会出现的$\delta < \dfrac{1}{3}$的情况下无限次重复博弈的情况。在这种情况下，上述分两部分的策略不再是子博弈完美纳什均衡，如果仍按分两部分构造策略的思路肯定无法在第一阶段实现合作。为此我们讨论利用第二阶段博弈（的纳

什均衡)作为报复机制构造触发策略的可能性。根据该思路我们构造如下双方共同的触发策略:开始时第一阶段采用 U_1(或 L_1),第二阶段采用轮换策略,一旦发现对方第一阶段偏离合作,即第一阶段采用 R_1(或 D_1),那么在第一阶段一直采用 D_1(或 R_1),而且在第二阶段一直采用 U_2(或 L_2)。首先可以肯定上述双方策略中用于报复的策略组合是纳什均衡,符合有效报复机制的基本条件;其次如果某个博弈方单独偏离,那么不仅要损失第一阶段合作的长期利益,而且还会因为在第二阶段的重复博弈中只能接受不利于自己的纳什均衡,失去轮换策略的较大利益,因此偏离对两个博弈方来说一般更不可能是好的选择(δ 的临界值更小)。这种触发策略在更低的 δ 水平上实现了第一阶段合作的子博弈完美纳什均衡结果。(读者可自行推导这里的 δ 临界值。)

第五章 有限理性和进化博弈

5.1 本章要点

1. 经济学通常假设人们有完全理性,有始终追求最大利益的完美意识、分析推理和准确行为能力。这种假设的现实性是有问题的。事实上人们只是在分析处理简单问题时接近完全理性要求,在分析处理复杂问题时理性的局限性很明显。不能满足完全理性要求就是有限理性的。因为博弈问题通常比较复杂,而且有限理性对博弈的影响很明显,因此有限理性是博弈论无法回避的问题。以有限理性为基础的博弈称为"有限理性博弈",完全理性为基础的博弈相对称为"完全理性博弈"。有限理性的博弈方往往不会一开始就找到最优策略,至少部分博弈方不会采用完全理性博弈的均衡策略,均衡通常是调整改进的结果,而且即使达到也可能再偏离。用完全理性博弈分析方法分析有限理性博弈问题会导致很大偏误。

2. 有限理性博弈的核心不是博弈方的最优策略选择,而是群体成员采用特定策略比例的变化趋势和稳定性。有限理性博弈的有效分析框架是借鉴生物进化博弈理论发展起来的进化博弈论,也称为"经济学中的进化博弈论"。生物进化博弈理论是以达尔文的自然选择思想为基础的生物学理论,研究生物种群通过变异和增殖的共同作用,拥有增殖成功率较高性状的个体在种群中比例的变化、稳定及其对生物进化的影响。有限理性博弈方的学习和策略调整与生物进化博弈研究的生物特征动态变化很相似,而有限理性博弈的均衡稳定性则与生物进化博弈中描述性状特征频数、比例稳定性的"进化稳定策略"(Evolutionary Stable Strategy, ESS)概念相似,因此借鉴生物进化博弈的分析方法讨论有限理性博弈是最有效的分析框架。

3. 进化博弈论与传统的完全理性博弈理论在前提假设、分析方法和均衡概念等方面都有很大差异,但这并不否定两者之间有密切的联系。一方面进化博弈论是以传统的完全理性博弈论为基础的,进化博弈论研究的许多博弈问题和模型都是完全理性博弈的经典模型,而且在进化博弈分析中仍需用完全理性博弈分析方法分析博弈方的策略和得益。另一方面进化博弈论中的进化稳定策略都是完全理性博弈的纳什均衡,是纳什均衡中对有限理性有稳健性的一部分。因此进化稳定策略也是对纳什均衡的一种选择精炼,进化博弈论对于更好地理解完全理性博弈分析的意义,提高完全理性博弈分析的可靠性和价值都有重要作用,是对完全理性博弈分析的一种支持。

4. 进化博弈论是博弈论的新领域。进化博弈论有很大的理论价值,因为它弥补了完全理性博弈分析在理性基础假设方面的缺陷,对完全理性博弈分析提供了支持和均衡选择方法。进化博弈论也有很大的应用价值,社会经济中有许多现象和问题可以用进化博弈论进行分析,进化博弈分析对分析预测经济关系的长期趋势和解释各种普遍性社会经济现象有重要的作用,也可预测有较长发展历史的社会经济问题的近期趋势。

5. 有限理性有多种层次,有些是理性程度高但会犯偶然错误,有些是理性意识强但推理复杂交互关系的能力稍差,有些仅仅是缺乏预见能力,而另一些可能是理性意识也很弱。有限理性博弈方认识和改正错误的方式和速度也会有差异,有些是分析基础上的调整,另一些只会简单模仿,有些学习速度很快,有些则很慢等。理性的差异对博弈方的行为模式和策略调整过程都有影响,不可能用统一方法进行分析,只能建立不同框架分别讨论。通常运用最多的进化博弈分析框架包括"最优反应动态"和"复制动态"。

6. 最优反应动态是理性层次较高、学习速度较快,能迅速调整策略的有限理性博弈方动态策略调整的一种方式,其核心是选择采用针对上次博弈对方策略的最优对策。小群体中根据最优反应动态的反复博弈和策略调整正是进化博弈论最主要的分析框架之一。寡头产量竞争中的古诺调整过程是最优反应动态的经典例子。由于博弈方缺乏预见性和会同时调整策略,因此针对上一期结果的最优策略在当前往往不是最优的,因此最优反应动态达到均衡往往需要多次调整的过程,并且也不能保证一定会收敛。

7. 复制动态是描述只有对优势策略简单模仿能力的,低理性层次有限理性博弈方动态策略调整的一种机制,其核心是在群体中较成功的策略采用的个体会逐渐增加,可以用动态微分方程或微分方程组。大群体中采用各种策略的比例根据复制动态的调整变化,是进化博弈分析的另一种主要分析框架。这种复制动态机制是模拟生物进化博弈的复制动态机制提出的。这种分析框架适合描述现实经济中对象或伙伴不固定的,大量个体之间的较长期经济关系。这种进化博弈机制也存在收敛过程和收敛性的问题。

8. 进化稳定策略(ESS)是描述进化博弈中群体选择策略比例意义上的动态稳定性的概念,进化稳定策略就是(最优反应动态或复制动态的)进化博弈中,同时具有在博弈方的动态策略调整中会达到,对少量偏离扰动有稳健性两个性质的稳定状态。进化稳定策略是分析有限理性博弈的有效均衡概念,也是进化博弈论的核心概念。这个概念来源于生物进化博弈中描述生物进化中性状特征的频数、比例稳定性的同名概念。复制动态的进化稳定策略对应数学中动态系统的具有稳定性的稳定状态,可以用复制动态微分方程(组)的相位图、不动点和稳定性定理等进行分析。进化稳定策略一定是完全理性博弈的纳什均衡,但不是所有纳什均衡都是进化稳定策略。

9. 2×2两人对称博弈是进化博弈分析的基本对象,适合研究无本质差异群体(如生产者群体或消费者群体)内部博弈的进化博弈问题。这种进化博弈的分析框架是单个大群体成员相互之间的随机配对反复博弈,其复制动态只需设群体成员采用两策略之一的比例为一个变量,可用一个微分方程描述。这种进化博弈的进化稳定策略可以只有一个,最多可以有三个,包括纯策略和混合策略,但都必须是对称的。

10. 2×2两人非对称博弈也是进化博弈分析的基本对象,适合研究两个不同特征群体(如厂商群体和顾客群体)相互之间博弈的进化博弈问题。这种进化博弈的分析框架是在两个大群体成员中各自随机选择一个的配对反复博弈,其复制动态需要两个群体各自设采用两策略之一的比例为变量,需要用一个微分方程组描述。2×2非对称博弈复制动态的进化稳定策略也可以有多个,但只能是纯策略的而不可能是混合策略的。进化稳定策略一般也是不对称的。

11. 协调博弈(Coordination Game)是具有如下特征的一类博弈问题:有两个纯策略纳什均衡,其中一个是帕累托上策均衡,另一个是风险上策均衡,存在明显的合作利益,但效率比较低的风险上策均衡更容易出现。这种博弈类似囚徒的困境型博弈,实现较好的结果需要双方之间的协调或默契,这正是称其为"协调博弈"的原因。这类博弈问题在闲事中很常见。协调博弈是进化博弈分析的经典例子之一,可以在不同设定和分析框架,包括最优反应动态和复制动态中进行分析。这种博弈的两个纯策略纳什均衡都是进化稳定策略,收敛到其中哪个一方面取决于得益结构,另一方面取决于群体策略选择的初始状态。协调博弈及其进化博弈分析对揭示人们的决策规律和理性局限等都有重要的意义。

12. 鹰鸽博弈是人类社会中同一群体内部竞争和冲突中的策略和均衡问题,并不是鹰和鸽两种动物之间的博弈,"鹰"和"鸽"分别指"攻击型"和"和平型"两种策略。鹰鸽博弈有对称、非对称两种情况。对称鹰鸽博弈中冲突双方的地位和对争夺目标的主观评价基本相同,非对称鹰鸽博弈这两方面则有较大差距。鹰鸽博弈本身是完全理性博弈的经典模型,对研究动物世界和人类社会普遍存在的竞争和冲突行为非常有用。鹰鸽博弈也是进化博弈论研究的经典例子,通过进化博弈分析可进一步揭示人类社会或动物世界战争和冲突的可能性和频率,国际关系中霸道和软弱、侵略和反抗、威胁和妥协等现象的内在根源等。

13. 蛙鸣博弈是生物进化博弈论的经典例子,对理解进化博弈论的基本思想有重要意义。蛙鸣博弈利用一个 2×2 对称博弈的复制动态进化博弈,分析雄蛙发声性状产生和发展的机制。这种研究不仅对研究青蛙本身的进化规律有意义,对于研究其他生物物种性状特征的进化演变,环境条件因素对生物进化过程的影响等都有意义。此外,对于研究人类的行为和人类社会的进化演变规律也有很大的意义。蛙鸣博弈也可分对称和非对称博弈两种情况(大小蛙问题)。

5.2 教材习题

1. 有限理性博弈方之间的博弈与完全理性博弈方之间的博弈有什么区别？在完全理性假设下分析有限理性博弈方之间的博弈可能导致什么问题？

参考答案：

有限理性博弈方之间博弈与完全理性博弈方之间博弈根本区别在于，前者没有足够的意识和能力寻找和采用博弈问题的最优策略，而且还常常会犯错误，因此常常不采用完全理性博弈分析预测的均衡策略，而后者则肯定会采用博弈方之间交互反应条件下的最优策略。

正是因为上述原因，在完全理性假设下分析有限理性博弈方之间的博弈，可能导致的问题就是分析结果和预测完全无效。

2. 根据最优反应动态和复制动态进行的进化博弈分析的结论，有什么理论和现实意义，对预测当前的经济均衡有没有作用？

参考答案：

以最优反应动态和复制动态为核心的进化博弈分析，对于加深我们对社会经济问题本质特征的认识，对博弈论和一般决策、经济理论作用和局限性的认识，对于指导我们的社会经济实践，都有重要的理论和实践意义。因为进化博弈分析是以有限理性而不是完美理性为基础的，因此比较符合实际，对解释现实中事物的内在规律，指导人们的实践活动价值更大，而且对揭示建立在理想化行为主体基础上的经济、决策理论的内在缺陷有重要作用；进化博弈分析也有筛选、检验完全理性博弈分析均衡、结论的作用。此外，由于最优反应动态和复制动态与经济主体的理性层次密切相关，因此进化博弈分析对加深我们对自身理性特征和局限性的认识也有重要的作用。

一般来说进化博弈分析研究的主要是社会经济现象和问题的长期动态趋向和稳定性,不一定能准确预测当前经济问题的均衡结果。只有对已有较长期发展过程的问题,才能对当前的经济均衡作较有效地预测。

3. 在 2×2 对称博弈的复制动态进化博弈中,如果 $a=b=c=d$,该博弈是否存在进化稳定策略 ESS?

参考答案:

不存在。虽然由于所有策略的得益都相同,博弈方从任何初始策略出发都没有改变自己策略的愿望,因此任何策略的群体比例都具有稳定性,但因为任何策略比例都不满足 ESS 的后一个条件:"一旦偏离仍然会趋向它,微小的偏离扰动不会破坏它"的性质,因此任何策略都不可能是该博弈的 ESS。

4. 是否每个 2×2 对称博弈的复制动态进化博弈都存在 ESS?是否都存在纯策略 ESS?

参考答案:

答案都是否定的。上一题就给出了一种否定的例子。

5. 如果把第二节古诺调整中的寡头产量博弈模型改为动态博弈,也就是两寡头的产量选择是依次的而不是同时的,其最优反应动态的分析结论与静态模型时是否相同?为什么?

参考答案:

相同。因为在最优反应动态进化博弈分析中,博弈方都被理解为没有预见能力,都只能对其他博弈方的前期策略进行反应,动态博弈和静态博弈的区别不再存在,分析结论当然只有相同。

6. 分析下列得益矩阵表示博弈的最优反应动态的策略稳定性,假设:(a) 群体中有 **4** 个博弈方,沿一圆周分布,各自对相邻博弈方的前期策略作最优反应;(b) 群体中有 **4** 个博弈方,各个博弈方对所有博弈方的上期策略作最优反应。

		博弈方 2	
		A	B
博弈方 1	A	3, 3	0, 0
	B	0, 0	2, 2

参考答案:

(a) 先分析博弈方根据最优反应动态调整策略的规则。设 t 时期博弈方 i 的邻居中采用 A 策略的数量为 $x_i(t)$,采用 B 策略的数量为 $2-x_i(t)$,其中 $x_i(t)$ 只能取 0、1、2,那么只有在博弈方 i 采用 A 的得益大于采用 B 的得益:

$$x_i(t) \cdot 3 + [2-x_i(t)] \cdot 0 > x_i(t) \cdot 0 + [2-x_i(t)] \cdot 2$$

即 $x_i(t) > 4/5$ 时,博弈方 i 在 $t+1$ 时期会采用 A,否则会采用 B。由于 $x_i(t)$ 只能取 0、1、2 三个数值,因此只要博弈方 i 的两个邻居中有 1 个在 t 时期采用 A,博弈方 i 在 $t+1$ 时期就会采用 A,如果两个邻居一个都没有采用 A,博弈方 i 在 $t+1$ 时期应采用 B。这对 4 个博弈方都适用。

该博弈中博弈方采用不同策略的初始情况总共有 $2^4 = 16$ 种可能性。根据上述策略调整规则,初始都采用 A 或 B 的不会变化;有 3 个 A 的四种情况,有相邻 2 个 A 的四种情况,都会收敛到所有博弈方都采用 A;有分隔 2 个 A 的两种情况,以及只有 1 个 A 的四种情况,动态系统会反复循环而不会收敛。

(b) 这部分请读者自己练习。提示:先设 t 时期博弈方 i 以外的三个博弈方中采用 A 策略的数量为 $x_i(t)$,然后根据 t 时期采用两种策略得益的大小确定选择策略的标准,再根据该标准讨论不同初始情况的进化博弈结果。

7. 分析上一题中博弈的大群体复制动态进化稳定策略(ESS)。说明分析结果所隐含的现实意义。

参考答案：

上一题博弈是 2×2 对称博弈。设群体成员采用 A 策略的比例为 x，根据两人 2×2 对称博弈复制动态的一般公式，x 的复制动态方程为：

$$\frac{\mathrm{d}x}{\mathrm{d}t} = x(1-x)[x(a-c)+(1-x)(b-d)]$$
$$=x(1-x)(5x-2)$$

该复制动态方程有三个稳定状态 $x^*=0$、$x^*=1$ 和 $x^*=2/5$，其中 $x^*=0$ 和 $x^*=1$ 是 ESS。当初始 $x<2/5$ 时复制动态会收敛到 $x^*=0$，即所有博弈方都采用策略 B；当初始的 $x>2/5$ 时复制动态将收敛到 $x^*=1$，即所有博弈方都采用策略 A。

上述复制动态进化博弈的结论，说明在这种协调博弈类型的博弈问题中，长期中反复的实践、学习和策略调整，总是可以使博弈方最终默契于不一定最理想，但至少有合理性的均衡策略组合之一，效率很差的非纳什均衡纯策略组合，或者碰运气的混合策略都会被淘汰。初始策略比例不同可能收敛于不同 ESS 的结论，对于经济管理思路有重要启发作用。

8. 若图 5.13 的鹰鸽博弈中 $v=2$, $c=100$，发生剧烈冲突的机会有多大？若 $v=12$, $c=10$，发生剧烈冲突的机会有多大？这些结论对我们有什么启发？

参考答案：

教材图 5.13 的鹰鸽博弈得益矩阵如下：

		博弈方 2	
		鹰	鸽
博弈方 1	鹰	$\frac{v-c}{2}, \frac{v-c}{2}$	$v, 0$
	鸽	$0, v$	$\frac{v}{2}, \frac{v}{2}$

利用教材中导出的对称鹰鸽博弈复制动态方程（其中 x 表示采用"鹰"策略博弈方的比例）：

$$\frac{\mathrm{d}x}{\mathrm{d}t} = F(x) = x(1-x)\left[\frac{x(v-c)}{2} + \frac{(1-x)v}{2}\right]$$

先把 $v=2, c=100$ 代入上式，得到

$$\frac{\mathrm{d}x}{\mathrm{d}t} = F(x) = x(1-x)(1-50x)$$

该复制动态方程的三个稳定状态分别为 $x^* = 0$、$x^* = 1$ 和 $x^* = 1/50$，因为 $F'(0) > 0$，$F'(1) > 0$，而 $F'(1/50) < 0$，因此只有 $x^* = 1/50$ 是 ESS。这是一个混合策略，也就是生物学中所谓"多态"的 ESS。长期中群体成员采取"鹰"策略的比例会稳定在 1/50 左右，49/50 的人会采用鸽策略，发生严重冲突的机会是 1/2 500，相互和平共处的机会占 2 401/2 500，忍让一方受霸道一方欺负的机会占 98/2 500。与参数值 $v=2, c=12$ 时相比，发生严重冲突和霸权主义者欺负和平人士、国家的机会小了许多。这体现了冲突、战争成本的提高对抑制战争和维护和平的积极作用。

再把 $v=12, c=10$ 代入上述复制动态方程，得到：

$$\frac{\mathrm{d}x}{\mathrm{d}t} = F(x) = x(1-x)(6-5x)$$

该复制动态方程的三个稳定状态分别为 $x^* = 0$、$x^* = 1$ 和 $x^* = 6/5$，其中 $x^* = 6/5$ 不在 $[0, 1]$ 之间，只有 $x^* = 1$ 是 ESS。

长期中群体成员都会趋向于采取"鹰"策略,发生严重冲突的机会将趋向于 100%。这体现了争夺利益大而战争成本相对较小,或只是人们认为争夺的利益较大而成本较小的情况下,激烈冲突几乎不可避免。

上述两种情况下的鹰鸽博弈分析给我们的重要启示是,重视战争的成本代价,看轻争夺的利益,有利于抑制战争和促进和平。此外,核威慑等人为增大战争成本代价的手段对维护和平常常也是有用的。当然利用核威慑维护和平也是有很大风险的,因为一旦真的爆发战争,造成的破坏比常规战争更大。

9. 对于图 5.15 得益矩阵表示的蛙鸣博弈,如果 $m = 0.6$, $P = 0.8$,蛙鸣成本 z 分别满足什么条件时,有(a)不叫是 ESS; (b) 部分鸣叫部分不叫是 ESS;(c) 鸣叫是 ESS。

参考答案:

教材图 5.15 蛙鸣博弈的得益矩阵如下:

		雄蛙 2	
		鸣叫	不鸣
雄蛙 1	鸣叫	$P-z, P-z$	$m-z, 1-m$
	不鸣	$1-m, m-z$	$0, 0$

该博弈的复制动态进化博弈中,如果鸣叫雄蛙的比例为 x,那么复制动态方程为:

$$\frac{dx}{dt} = x(1-x)[x(P-z-1+m) + (1-x)(m-z)]$$

把 $m = 0.6$,$P = 0.8$ 代入该复制动态方程,得:

$$\frac{dx}{dt} = x(1-x)[0.6 - z - 0.2x]$$

该复制动态的三个稳定状态是 $x^* = 0$、$x^* = 1$ 和 $x^* = (0.6 - z)/0.2$。根据 ESS 的判断法则，不难判断出当 $z > 0.6$ 时，$x^* = 0$，即所有雄蛙都不叫是 ESS；当 $0.4 < z < 0.6$ 时，$x^* = (0.6 - z)/0.2$，也就是部分雄蛙鸣叫，部分不鸣叫是 ESS；当 $z < 0.4$ 时，$x^* = 1$，即所有雄蛙都鸣叫是 ESS。

5.3 补 充 习 题

1. 判断下列论述是否正确，并作简单分析：
(1) 每个有限理性进化博弈的 ESS，都对应完全理性博弈问题的一个纳什均衡。
(2) 静态博弈的所有纯策略纳什均衡都是进化博弈的 ESS。
(3) 一个复制动态的 ESS 就是这样的博弈均衡：复制动态会趋向它，少数博弈方的错误不会毁掉它。
(4) 如果一种策略或策略组合是一个 ESS，那么进化博弈的动态调整一定会收敛于它。
(5) 对一个非对称博弈，如果(X, Y)是一个 ESS，那么它必须是一个严格纳什均衡，即每个博弈方的策略都是对其他博弈方策略的惟一最优反应的纳什均衡。
(6) 非对称博弈的 ESS 必须都是纯策略的。

参考答案：
(1) 正确。ESS 必须是相应完全理性博弈的纳什均衡，否则就缺乏基本的稳定性，若既不可能在动态调整中趋向它，也会被少量博弈方的偏离扰动破坏，则根本不可能是 ESS。

(2) 错误。静态博弈的纯策略纳什均衡中有许多不是 ESS。其实正是因为这个原因和上一题的结论，ESS 被称为精炼纳什均衡的概念。

(3) 正确。这正是 ESS 的两个本质要求。

(4) 错误。一个博弈可能有多个 ESS，一般进化博弈的动态调整只会收敛到其中之一，究竟收敛到哪个常常由初始状态决定。

(5) 正确。因为如果(X, Y)不是严格纳什均衡，那么就意味着至少其中某个博弈方的策略不是对其他博弈方策略的惟一最优反应，这样的策略组合不具备对偏离扰动的稳健性，不可能是 ESS。

(6) 正确。因为根据第(5)小题结论，非对称博弈的所有 ESS 都是严格均衡，即属于惟一最优反应策略组合的均衡，而这一点与混合策略是不相容的。

2. 复制动态(replicator dynamics)的基本原理是什么？在市场经济中是否有支持这种原理的证据？

参考答案：

复制动态的基本原理是：在由有限理性(理性程度可以很低)的博弈方组成的群体中，结果比平均水平好的策略会逐步被更多的博弈方采用，从而群体中采用各种策略的博弈方的比例会发生变化。

在市场经济中显然有支持复制动态的有力证据，例如长期中赢利能力处于平均水平之下的企业、经营者、经营方式或理念，都会逐渐被市场竞争淘汰出局，而赢利能力高于平均水平的则会得到扩张，被学习、模仿或引进，从而不同企业、经营模式等在市场经济中的份额和影响等也会逐渐变化。

3. 最优反应动态和复制动态的区别是什么？

参考答案：

最优反应动态和复制动态之间的区别是多方面的，主要包括以下几方面。

首先是最优反应动态假设的博弈方理性层次高于复制动态。

其次是前者的进化博弈分析通常针对小群体成员之间的策略反应和动态调整,包括相同博弈方之间的反复博弈和动态策略调整;后者则通常针对大群体成员之间的随机配对反复博弈,因此研究的问题和适用的环境条件有区别。

第三是博弈方策略调整的方式不同,前者是对其他博弈方的前期策略进行反应;后者则是根据不同策略的表现,与平均效率的比较进行策略调整。

第四是对动态策略调整的数学描述和处理方法不同,前者是各个博弈方采用具体策略的变化;后者是群体成员采用不同策略比例的变化,前者用反应函数进行计算,后者则运用动态微分方程进行分析。

第五是策略调整的速度不同,前者是所有博弈方同时根据前期策略进行调整;后者则是博弈方逐步、逐渐的调整。

第六是结论和结果也可能不同。对同一个博弈的最优反应动态和复制动态得到的结论,甚至收敛性都有可能不同。

最后,正是因为有上述差别,因此用这两种动态机制作进化博弈分析适用的问题和得到结论的经济含义都有所不同。最优反应动态特别适用于产品迅速更新的市场,以及厂商采用短期利润最大化策略的市场。而复制动态则更适合分析和解释长期中市场和制度的变化演进等问题。

4. 各种市场(家庭装修、餐饮等)中相似商品和服务的价格和质量,长期中是会趋同还是会分化?为什么?

参考答案:

现实经济的各种竞争性市场中相似的商品和服务的价格和质量,应该有趋同的趋势,不仅是会趋向相互比较接近的水平,而且还会共同趋向与价值和需求相适应的合理水平。

竞争性市场价格和质量的趋同是进化力量作用的结果。因为即使市场中的多数经营者和消费者都只有有限理性,经营能力、精明程度和信息拥有都有差别,因此开始时商品和服务的价格和质量会有较大差异,但一方面经营者和消费者都会相互学习和模仿,另一方面价高质差的经营者常常首先被消费者抛弃,因此经过一段时间后相似商品和服务的价格和质量必然会趋同,而且将向由价值等因素决定的合理水平回归。

5. 进化博弈是否必然会实现所有可能结果中最理想的结果?这能解释哪些社会经济现象?对我们有什么启发作用?

参考答案:

进化博弈不是必然会导致最佳结果。因为首先 ESS 本身不一定是理想的结果;其次在许多博弈问题中存在不止一个 ESS,初始情况不利时很可能收敛于其中效率较差的 ESS;第三,因为受到许多因素的干扰,社会经济中的环境条件总是会发生变化,因此即使存在惟一的高效率 ESS,也并不一定能实现它。

这可以解释为什么有些一旦被广泛接受很可能取得巨大成功的优秀计算机操作系统,最终却会被淘汰掉,以及为什么有些经济管理制度或模式明明有很大的优越性,在有些国家和地区也已经得到了证明,但是在另外一些国家和地区却很难被接受等现象。这都是因为在有多重 ESS 的情况下,只有初始时刻采用、接受者较多的策略,才能成为最终被普遍接受的策略,而不是哪种 ESS 更有效率就更会被采用。

这些现象和结论对我们的主要启发是,在尊重规律和科学的前提下,必须重视发挥主观能动作用,放任自流结果往往是不理想的。

6. 第二章图 2.7 夫妻之争博弈能否用复制动态的进化博弈分析方法进行分析?如能,其 ESS 是什么?结论有什么意义?

参考答案：

虽然夫妻之争不可能真正在妻子群体和丈夫群体之间进行任意配对的博弈，但由于妻子们和丈夫们也可以在策略方面相互学习和模仿，因此对夫妻之争博弈进行复制动态的进化博弈分析也是有意义的。

图 2.7 的夫妻之争博弈得益矩阵如下：

		丈 夫	
		时装	足球
妻子	时装	2, 1	0, 0
	足球	0, 0	1, 3

根据复制动态进化博弈分析方法，假设妻子群体中选择时装策略的比例为 x，选择足球策略的比例是 $1-x$；假设丈夫群体中选择时装策略的比例占 y，选择足球策略的比例是 $1-y$。再把妻子群体采用时装策略的期望得益记为 u_{wf}，群体平均得益记为 $\bar{u}_w$，把丈夫群体采用时装策略的期望得益记为 u_{hf}，群体平均得益记为 $\bar{u}_h$。则可以得到 x 和 y 的复制动态方程分别为：

$$\frac{dx}{dt} = x[u_{wf} - \bar{u}_w]$$
$$= x[2y - 2xy - (1-x)(1-y)]$$
$$= x(1-x)(3y - 1)$$
$$\frac{dy}{dt} = y[u_{hf} - \bar{u}_h]$$
$$= y[x - xy - 3(1-y)(1-x)]$$
$$= y(1-y)(4x - 3)$$

上述动态微分方程组的相位图示于第 129 页。

从此相位图可以直接看出，本博弈有两个 ESS，那就是妻子和丈夫都选择时装或都选择足球。究竟最终会收敛到哪个 ESS，取

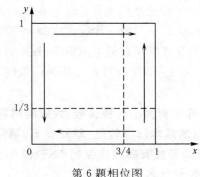

第 6 题相位图

决于初始时刻采用不同策略夫妻的比例,即初始时刻的"社会风气"如何。这意味着夫妻关系、家庭和社会的行为模式的形式和演变,既有必然规律性的作用,也有偶然因素(初始状态)的影响。这说明营造积极的社会氛围和环境对于社会环境的发展变化有时会起重要的作用,放任自流可能是很坏的政策。

7. 找出如下猎鹿博弈(教材图 2.35)的 ESS。

博弈方 2

博弈方 1		鹿	兔子
	鹿	5, 5	0, 3
	兔子	3, 0	3, 3

参考答案:

这是一个 2×2 对称博弈。根据复制动态进化博弈分析的一般方法,设群体成员采用鹿策略的比例是 x,采用兔子策略的比例 $1-x$。再假设选择鹿策略的期望得益是 u_s,群体成员平均期望得益为 $\bar{u}$。那么复制动态方程为:

$$\frac{dx}{dt} = x[u_s - \bar{u}] = x(1-x)(5x-3)$$

该复制动态方程有三个稳定状态 $x^* = 0$、$x^* = 1$ 和 $x^* = 3/5$，其中 $x^* = 0$ 和 $x^* = 1$ 是 ESS。初始 $x < 3/5$ 时复制动态会收敛到 $x^* = 0$，即所有博弈方都采用策略 B；初始 $x > 3/5$ 时复制动态将收敛到 $x^* = 1$，即所有博弈方都采用策略 A。

8. 假设在蛙鸣博弈中有大小两种青蛙。大青蛙鸣叫的成本 (z_1) 较高，小青蛙鸣叫的成本 (z_2) 较低，即 $z_1 > z_2$。再假设其他情况不变。(1) 问本博弈可能有哪种类型的 ESS？(2) 出现这些类型的 ESS 各自的条件是什么？

参考答案：

(1) 当蛙鸣博弈中的青蛙有上述两种时，得益矩阵变为：

		小雄蛙 鸣叫	小雄蛙 不鸣
大雄蛙	鸣叫	$P-z_1, P-z_2$	$m-z_1, 1-m$
大雄蛙	不鸣	$1-m, m-z_2$	$0, 0$

这显然是一个 2×2 非对称博弈，因此进化博弈不可能有混合策略，即大蛙中部分鸣叫部分不叫，或者小蛙中部分鸣叫部分不叫的 ESS，只可能有纯策略的，即每种蛙要么都叫，要么都不叫，或者一种叫一种不叫的 ESS。

(2) 因为对于非对称博弈来说，严格的（非弱劣的）纯策略纳什均衡一定是 ESS。根据这个标准，当同时满足 $P-z_1 > 1-m$ 和 $P-z_2 > 1-m$ 时大小蛙都鸣叫是 ESS；当同时满足 $1-m > P-z_1$ 和 $m-z_2 > 0$ 时大蛙不鸣叫小蛙鸣叫是 ESS；当同时满足 $m-z_1 > 0$ 和 $1-m > P-z_2$ 时大蛙鸣叫小蛙不叫是 ESS；当同时满足 $m-z_2 < 0$ 和 $m-z_1 < 0$ 时大小蛙都不叫是 ESS。在这四种情况中第一和第四种可能同时成立，第二和第三种也可能同时成立。当得益情况属于两种情况同时成立时，进化过程会收敛到

哪个 ESS 与初始状态有关。

9. 两家有限理性的 VCD 公司进行如下的静态博弈:公司 1 选择是公开还是不公开自己的系统,公司 2 决定是自己创新还是利用对方的系统,双方的得益如下列得益矩阵所示。请找出该博弈的复制动态进化稳定策略(ESS)。

		公司 2	
		创新	利用
公司 1	公开	6,4	5,5
	不公开	9,1	10,0

参考答案:

解法一:由于这是一个非对称两人 2×2 博弈的复制动态进化博弈,而且有惟一的严格纯策略纳什均衡(不公开,创新),因此该博弈有惟一的 ESS(不公开,创新)。

解法二:分别假设两个群体中采取公开和创新策略个体的比例是 x 和 y,然后根据上述得益数据建立复制动态方程组进行分析。得到的结果与上一种解法相同。(请读者自行分析)

10. 请用进化博弈模型及其分析方法,讨论我国自行开发的 EVD 能否取代外国公司拥有核心技术的 DVD? 实现这个目标需要哪些方面的条件? 哪些政策、措施有利于实现这个目标?

解答提示:

(1) 这个问题有不同的分析方法。用开发、经营者和消费者之间选择 DVD 和 EVD 博弈的进化博弈进行分析是较好的思路。因为这种产品和技术开发成功的关键就在于厂商和消费者的接受程度,而且也确实存在进化演变的过程。

(2) 实现 EVD 取代 DVD 的目标首先必须经营者和消费者博

弈的(EVD, EVD)是 ESS，其次需要进化过程会收敛于该 ESS。有利于这个目标的政策措施包括足以影响上述 ESS 和收敛性的财政、税收政策和其他经济、非经济手段。

（3）用虚拟的数值例子可以更好地进行分析。读者可用下面这个得益矩阵，或者你认为更符合实际的其他得益情况作为例子进行分析。

		消费者	
		DVD	EVD
经营者	DVD	5, 5	2, 1
经营者	EVD	−1, 3	10, 10

11. 请运用进化博弈论的原理和分析方法，对我国社会主义市场经济中的诚信问题进行分析。

解答提示：

关键是建立一个包含对诚信行为、态度的选择的博弈模型，可以是对称博弈（如经营者、合作者之间的博弈），也可以是非对称博弈（经营者和消费者之间、上下游厂商之间的博弈等），然后运用进化博弈论的分析方法讨论诚信问题的内在规律和含义。

第六章 完全但不完美信息动态博弈

6.1 本章要点

1. 所有博弈方都有关于得益的信息,至少部分博弈方缺乏博弈进程信息的动态博弈,称为"完全但不完美信息动态博弈"或"不完美信息动态博弈"。不完美信息动态博弈在社会经济中非常普遍。不完美信息动态博弈是不充分信息博弈中的一类,是现代博弈论和信息经济学的重要组成部分。根据理解角度和建模方法的不同,不少完全但不完美信息动态博弈也可以理解为不完美信息动态博弈。

2. 不完美信息动态博弈的扩展形必然包含多节点信息集,至少部分阶段不构成子博弈,因此完美信息动态博弈的子博弈完美纳什均衡,不能作为分析不完美信息动态博弈的核心均衡概念。不完美信息动态博弈的核心均衡概念是完美贝叶斯均衡。

3. 完美贝叶斯均衡由四个条件给出,包括类似子博弈完美纳什均衡子博弈完美性要求的序列理性要求,以及在均衡和非均衡路径上的多节点信息集处都要有判断,和判断符合均衡策略和条件概率贝叶斯法则的要求。完美贝叶斯均衡的本质特征是最优选择和判断与策略的一致性。

4. 因为判断与均衡策略之间存在复杂的交互作用和依赖关系,不完美信息动态博弈中博弈方的行为往往无法直接推理出来，不管是从哪个阶段开始分析。这使得逆推归纳法在不完美信息动态博弈及其完美贝叶斯均衡分析中的作用受到很大限制。不完美信息动态博弈的完美贝叶斯均衡通常是构造出来的。如根据实现最理想结果等要求构造特定的完美贝叶斯均衡。

5. 根据有私人信息博弈方的行为特征，不完美信息动态博弈的完美贝叶斯均衡可分为合并均衡、分开均衡，以及部分合并均衡等。这几种完美贝叶斯均衡在信息传递和均衡效率等方面往往会有一定的差别。

6. 不完美信息市场交易动态博弈模型的完美贝叶斯均衡，还可以分为市场完全成功、市场部分成功、市场接近失败和市场完全失败等四种类型，分别属于上述分开均衡、合并均衡或部分合并均衡，它们分别代表了不同的市场情况和效率。

7. 二手车交易模型是不完美信息动态博弈的经典模型，包括单一价格、双价和有退款保证等不同类型。这个博弈模型对我们理解不完美信息动态博弈分析的原理和完美贝叶斯均衡的意义有良好的作用，对揭示信息不完美的市场交易中人们的行为规律、均衡的性质和特点，以及改善市场秩序和提高市场效率的条件和方法等，都有重要的意义。

8. 在信息不完美、不对称而且消费者缺乏识别能力的市场中，厂商搞假冒伪劣损害消费者的利益，最终使消费者根本不敢购买，劣质品赶走优质品，进而搞垮整个市场的机制，称为"柠檬原理"。柠檬原理是由乔治·阿克罗夫(George Akerlof)在讨论柠檬市场交易问题时提出的。柠檬原理实际上就是不完美信息市场博弈中市场完全失败类型的完美贝叶斯均衡。

9. 在上述信息不对称的市场中，如果价格可变，那么由于消费者只愿意支付购买商品的期望价值，因此生产成本和价值较高的优质产品会退出市场，从而市场上优质产品的比例进一步下降,消费者愿意付的价格也会进一步降低,这种恶性循环的结果是最后市场上只剩下价值和生产成本最低的劣质产品,除非消费者愿意消费低价劣质品,否则市场将完全崩溃。上述恶性循环机制就是现代博弈论和信息经济学中有名的逆向选择效应。逆向选择与柠檬原理有密切联系,而且常常是交叉在一起同时起作用的。

10. 厂商对消费者提供各种形式的质量承诺,对自己销售的商品实行质量三包,承诺双倍赔偿甚至假一罚十等,在信息经济学中都称为"昂贵的承诺"。在信息不对称和假冒伪劣猖獗、柠檬原理和逆向选择效应起作用的市场中,昂贵的承诺是诚实经营的厂商通过自身的力量抵制假冒伪劣侵害的主要手段。昂贵的承诺制止假冒伪劣现象的原理是它给造假者制造了两难困境:不向消费者提供同样的承诺就暴露了劣质商品的本来面目,消费者的信息劣势就克服了,提供同样的承诺将面临很高的赔偿成本,搞假冒伪劣就无利可图。昂贵的承诺对于加深我们对市场经济的秩序和效率问题的理解,推动市场秩序的改善和经济效率的提高等都有非常重要的参考意义。

6.2 教材习题

1. 举出现实生活和经济中完全但不完美信息动态博弈的例子,并用扩展形加以表示。

解答提示:

完全但不完美信息动态博弈的基本特征是:(1) 多阶段;(2) 信息不充分在于部分博弈方不能观察到其他博弈方的行为。如消费者对厂商的生产过程,用人单位对应聘人员的教育、学习背景和为前雇主工作的态度,投资者对上市公司年报中有没有虚报利润等,就都无法直接观察到,相关的多阶段博弈通常都有不完美信息动态博弈的特征。

完全但不完美信息动态博弈扩展形表示的关键是包含多节点信息集。

2. 举出现实中昂贵的承诺的例子。
解答提示：
现实生活中厂商对消费者作出的"假一罚十"、"无理由退货"、"终身保修制度"，以及有些行业协会实行质量保证金制度等都是这方面的例子。

3. 用柠檬原理和逆向选择的思想解释老年人投保困难的原因。
参考答案：
"柠檬原理"是在信息不完美且消费者缺乏识别能力的市场中，劣质品赶走优质品，最后搞垮整个市场的机制。"逆向选择"是在同样不完美信息和消费者缺乏识别能力的市场中，当价格可变时，价格和商品质量循环下降，市场不断向低端发展的机制。

高龄人群的保险市场是一个典型的柠檬原理和逆向选择会起作用，从而会导致发展困难的市场。老年人的健康情况差别很大，比年轻人之间的差别要大得多，而保险公司了解老年投保人的实际健康状况又很困难或成本很高，这就造成了保险公司对老年投保人健康状况的信息不完美。

缺乏准确的信息，保险公司就无法根据每个老年投保人的实际健康情况确定不同的保费率，只能根据平均健康情况确定保费率。这种平均保费率对健康情况很差的老年人是合算的，但对健康状况较好的老年人则不合算。因此前者倾向于投保，后者则不愿意投保，投保老人的平均健康情况会很差。这使得保险公司的赔付风险大大提高，不仅不能赢利而且要亏损，从而失去经营老年保险的积极性，最终导致老年人的投保难问题。这就是柠檬原理作用的结果。

如果允许调整保费率,那么保险公司为了避免亏损会上调保费率。而这又会使得原来投保或者准备投保者中相对较健康的老人退出,从而投保老人的平均健康情况会变得更差。如此循环,最终保费会升得很高而投保老人的平均健康情况则会越来越差,对市场的发展当然是很不利的。这就是逆向选择机制在老年保险市场作用的结果。

4. 用完全但不完美信息动态博弈的思想,讨论我国治理假冒伪劣现象很困难的原因。

参考答案:

商品交易中的质量问题可以用完全但不完美信息动态博弈描述,商品交易中的假冒伪劣现象正是这种市场博弈低效率均衡的表现形式。根据对不完美信息市场博弈完美贝叶斯均衡的讨论,不难知道我国市场经济中假冒伪劣现象难以治理的原因主要包括:

(1) 信息不完美程度比较严重。我国发展市场经济的时间不长,因此在企业和个人商誉、信誉的建立,资讯的获得和传递等方面,与发达市场经济国家相比有很大差距。这使得我国市场经济活动中的信息不完全和不对称情况更加严重,这是我国市场交易博弈容易出现低效率均衡,假冒伪劣现象严重的主要根源之一。

(2) 消费者识别能力低下而且麻木。长期的经济落后和物质贫乏使得我国消费者的消费知识贫乏,判断商品质量的能力较差。根据不完美信息市场博弈分析可知,消费者识别能力低等于不法厂商制假成本低,而这正是导致不利市场均衡,假冒伪劣盛行的关键条件。事实上,我国消费者不仅识别能力低,还经常对假冒伪劣容忍麻木,甚至知假买假,我国的假冒伪劣很难治理就更不奇怪了。

(3) 暴利空间的存在。我国许多市场的结构和价格水平不是很合理，许多商品定价过高，存在明显的垄断暴利。这给制假者提供了很大的获利空间。根据不完美信息市场博弈分析的结论，暴利的存在也是假冒伪劣问题严重的重要原因。

(4) 对假冒伪劣的打击不力。由于地方、部门利益，以及管理体制等方面的原因，政府管理、执法部门对假冒伪劣管理和打击的力度往往是不够的，甚至还有反过来保护制假的情况。这当然会使制假者更肆无忌惮，也会使不制假和打假者的利益得不到保障，使造假者和打假者之间的博弈向不利的均衡方向发展，使假冒伪劣现象越来越严重。

(5) 我国社会经济环境的变动太大，稳定性比较差也是重要原因。在不稳定的市场中，管理者和经营者都不可能对长远利益有足够的重视，不可能对培育和维护商誉有很大的积极性。这对市场博弈的均衡也有很大的影响，会对假冒伪劣现象起推波助澜的作用。

当前我国市场经济中严重的假冒伪劣现象正是这些因素综合作用的结果，根治假冒伪劣必须先解决好上述问题。

5. 与一价模型相比，双价模型实现较好市场均衡的可能性是否要大一些？答案对我们有什么启发？

参考答案：

双价模型与一价模型相比，实现较好市场均衡的可能性确实要大一些。这不管是对二手车交易还是其他市场交易问题都是成立的。这首先是因为在一价模型中无法成交的部分情况，在二价模型中可能会在低价品市场上成交。其次是因为存在低价品市场时在低价品市场交易有利的部分产品，在没有低价品市场时只能搞假冒伪劣，从而出现不利市场均衡的机会增加。

上述答案对我们的启示是，对市场进行细分，发展包括高端、低端的多层次市场,对于改善市场效率和消除市场秩序混乱有非常重要的作用。事实上,这也正是在市场的发展过程中总是倾向于不断细分化的内在根源。对市场细分设置人为的障碍,甚至强行统一价格标准,通常是不利于提高市场效率的。

6. 假设买到劣质品的消费者中只有一半事后会发现商品的低质量并索赔,那么有退款承诺的二手车交易模型的均衡会发生怎样的变化?

参考答案:

有退款保证的二手车交易模型中,如果只有一半消费者会事后发现低质量并索赔,劣质品卖高价行为的赔偿费用会降低一半。从消费者利益的角度看,如果消费者都有足够的事后识别能力,是否会发现低质量和索赔取决于对商品质量是关心还是麻木,那么有一半高价买到劣质品的消费者不发现低质量和索赔并不影响博弈中消费者的利益。这时博弈的扩展形如下:

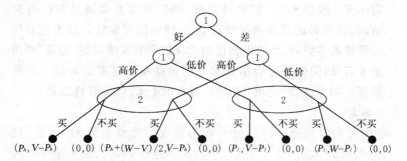

在这种情况下,市场完全成功类型完美贝叶斯均衡的条件变为 $P_h+(W-V)/2<0$ 或 $P_h+(W-V)/2<P_l$。因为 $W-V<0$,因此 $P_h+(W-V)/2>P_h+W-V$,实现比较理想市场均衡的机会比所有消费者都会发现质量问题并索赔时小。这说明一半消费者对商品质量麻木和放弃索赔,对不完美信息市场的均衡类型和效率很可能有不利影响。

如果高价买到劣质品的消费者是否发现低质量和索赔不是因为关心和麻木问题,而是因为事后识别能力不足,而且消费者预先不清楚自己是否有足够的事后识别能力,那么消费者高价购买到劣质品的(期望)利益为 $(W+V)/2-P_h$。厂商的利益与上一种情况相同。很显然,这种情况下退款保证对均衡类型的影响与上一种情况还是相同的。

进一步还可以考虑消费者预先知道自己没有事后识别能力,或者部分有识别能力,部分没有识别能力等情况。但这些情况的基本结论与上述两种情况都是相似的,也就是说无论什么原因造成只有一半受害消费者会索赔,都会使实现完全成功类型市场均衡的机会减小和对市场效率造成不利影响。

7. 若你正在考虑收购一家公司的 1 万股股票,卖方的开价是 2 元/股。根据经营情况的好坏,该公司股票的价值对于你来说有 1 元/股和 5 元/股两种可能,但只有卖方知道经营的真实情况,你所知的只是两种情况各占 50% 的可能性。如果在公司经营情况不好时,卖方做到使你无法识别真实情况的"包装"费用是 5 万元,问你是否会接受卖方的价格买下这家公司的 1 万股股票? 如果上述"包装"费用只有 5 000 元,你会怎样选择?

参考答案:

如果该公司把经营情况不好伪装成经营情况好的"包装"费用,也就是成本是 5 万元,我肯定会买下这些股票。因为这时候经营不好的公司的伪装成本高于卖出股票的收益 2 万元,经营不好的公司不可能先把公司伪装过再出售,公司的表面情况与实际情况肯定是一致的。

如果"包装"费用只有 5 000 元,我仍然会选择购买。因为虽然由于伪装成本低于出售公司的收益,因此经营情况不好的公司

第六章 完全但不完美信息动态博弈　　141

有伪装成经营良好后出售的动机,但由于在所有出售的公司中好坏各占一半,所以购买公司的期望得益 $0.5 \times 1 + 0.5 \times 5 - 2 = 1$ 万元,比不购买的利益 0 要大,因此我仍然会选择购买(我的风险偏好是中性的)。

8. 在现实中常常是既有部分卖假冒伪劣产品的厂商会打出"质量三包"、"假一罚十"等旗号,也有一些卖假冒伪劣产品的厂商声明"售出商品概不退换"。问这两类厂商有什么不同,他们各自策略的根据是什么?

参考答案:

前一类厂商作出的承诺常常是虚假的,根本不会兑现。通常是这些厂商既不会主动遵守诺言,市场环境中也缺乏有效的监督机制和管理机构迫使他们兑现承诺。

后一类厂商一般是销售价值较低,而且易坏、易耗的商品,如鲜活农副产品、水产品,也有一些是低价销售或削价处理的商品。此外,侵犯其他厂商专利权、假冒其他厂商商标,对消费者来说商品的使用价值与价格基本符合的商品,也有可能属于后一种情况。

9. 证明本章最后一节最后一部分给出的策略组合在给定条件下构成一个市场成功类型的完美贝叶斯均衡。并讨论 $0 < P_h + W - V < P_l$ 时可能出现的变化。

参考答案:

(1) 教材本章最后一节最后一部分给出的特定条件是 $P_h + W - V < 0$ 或 $P_h + W - V < P_l$,此外双价二手车模型的一般条件 $V - P_h > 0 > W - P_l > W - P_h$ 和 $P_l > 0 > P_h + W - V$ 等仍然满足。双方的策略组合和相应的判断是:① 卖方在车况好时卖高价、车况差时卖低价;② 买方在卖方要高价、要低价时都选择买;③ 买方判断 $p(g|h) = 1, p(b|h) = 0, p(g|l) = 0$,

$p(b \mid l) = 1$。

首先分析卖方的策略。在上述条件下,给定买方的策略,卖方在车况好时 $P_h > P_l$,卖高价是合理的;在车况差时,因为 $P_l > 0 > P_h + W - V$,选择卖低价也是合理的。

其次分析买方的判断。给定卖方的策略,买方的上述判断是成立的。

第三分析买方的策略。给定上述判断,在高价的情况下,选择买的期望得益为:

$$(V - P_h)p(g \mid h) + (W - P_h)p(b \mid h) = V - P_h > 0$$

选择买是合理的。在低价情况下,买方选择买的期望得益为:

$$(V - P_l)p(g \mid l) + (W - P_l)p(b \mid l) = W - P_l > 0$$

选择买也是合理的。

因此,双方的上述策略和判断构成一个完美贝叶斯均衡。

(2) 如果 $0 < P_h + W - V < P_l$,那么这时搞假冒伪劣也能够获利,因此可能有部分厂商会尝试搞假冒伪劣。不过,由于低价低档品市场的利润率比搞假冒伪劣要高,因此这种假冒伪劣不会长久,最终会自行转向或者被市场淘汰。

6.3 补充习题

1. 判断下列表述是否正确,并作简单分析:
   (1) 完全不完美信息动态博弈中各博弈方都不清楚博弈的进程,但清楚博弈的得益。
   (2) 不完美信息动态博弈中的信息不完美性都是客观因素造成的,而非主观因素造成。
   (3) 在完全但不完美信息博弈中,若不存在混合策略,并且各博弈方都是主动选择且行为理性的,则不完美信息从本质上说是"假的"。

(4) 子博弈可以从一个多节点信息集开始。

(5) 不完美信息是指至少某个博弈方在一个阶段完全没有博弈进程的信息。

参考答案:

(1) 错误。不完美信息博弈中不一定所有博弈方都不清楚博弈进程,只要部分或者一个博弈方不完全清楚其行为之前的博弈进程,就是不完美信息动态博弈。

(2) 错误。不完美信息动态博弈的信息不完美性,很多是人为的主观的因素造成的,因为出于各种目的和动机,人们在市场竞争或者合作中常常会故意隐瞒自己的行为。

(3) 正确。因为对于只包含理性博弈方的主动选择行为,利益结构明确,而且不同路径有严格优劣之分,从不需要用混合策略的动态博弈来说,所有博弈方选择的路径都可以通过分析加以确定和预测,根本无需观察。从这个意义上说,这种博弈的不完美信息实际上都是"假的"。

(4) 错误。在一个子博弈中出现的信息集必须是完整的,由于从多节点信息集开始的博弈必然分割一个信息集,因此不可能是一个子博弈。

(5) 错误。不完美信息不是指完全没有信息,而是指没有完美的信息,只有以概率判断形式给出的信息。

2. 实现四种类型市场均衡的条件分别是什么? 要促使市场均衡向较好的类型转化,可以在哪些方面下功夫?

参考答案:

根据对一价和双价二手车交易模型的分析,实现市场完全成功类型均衡(分开完美贝叶斯均衡)的条件主要是,伪装成本大于伪装的利益(在一价模型中是 $P<C$,在双价模型中即 $C>P_h-P_l$),以及差商品的价值小于价格或高价,好商品的价值高于价格或高价(一价模型中即 $V>P>W$)。

实现市场部分成功类型均衡(合并完美贝叶斯均衡)的条件是,伪装成本低于伪装利益(一价模型中 $P>C$,双价模型中 $P_h>C$),而且买方购买(商品或者高价品)的期望利益大于不买的利益 ($EU>0$)。

市场完全失败类型均衡的条件是,伪装成本低于伪装利益(一价模型中 $P>C$,双价模型中 $P_h-P_l>C$),而且买方购买(商品或者高价品)的期望利益大于不买的利益($EU<0$)。

实现市场接近失败类型均衡的条件是,在上述市场完全失败均衡的情况下,部分劣质商品退出市场,相当于卖方采用混合策略,当达到买方购买的期望利益与不买的利益相同($EU=0$),而且买方也采用混合策略,即不是买下全部商品,只是买下一定比例时,可能实现这种均衡。

根据上述分析可以清楚,要促使市场均衡向较好的方向、类型发展,一是可以设法提高 C 的水平;二是应当提高市场上好商品的比例,从而提高 EU;三是可以调整价格或价差。做到上述几点又有多种可行的方法。

3. 如果一种商品的质量很难在购买时正确判断,出售这种商品的卖方又可以"售出商品,概不退换"。问这种商品的市场最终会趋向于怎样的情况?

参考答案:

从短期市场均衡的角度,如果消费者对商品质量缺乏判断能力,而且厂商又不提供任何质量保证,那么消费者是否会购买取决于购买的期望利益。如果商品对消费者来说并不是必需品,市场上劣质品比例很高,而且买到劣质品损失很大,从而购买的期望利益、效用很小,还不如不买,那么短期均衡中消费者就不会选择购买。这时市场短期中就会崩溃。长期中只有厂商的经营策略和市场情况改善以后才可能重新恢复和发展。

如果反过来商品对消费者来是必需的,消费效用比较大,买到劣质商品的损失也不是很大,或者市场上劣质品的比例不大,从而购买的期望利益、效用比较大,那么消费者在短期均衡中会选择购买,市场能够存在。

但能够短期存在不等于能够长期维持和发展。事实上,除非该商品市场是消费需求严重缺乏弹性,市场结构又属于完全垄断的极端情况,否则始终不对消费者作出质量承诺的厂商和市场肯定是不能长期维持的,必然会走向消亡,被其他商品、其他厂商所替代。

4. 在单一价格的二手车博弈中,讨论 $P>C$ 或 $V>P>W$ 不成立或不能同时成立时博弈的均衡和结果。

参考答案:

若 $P<C$,则卖方在车况差时即使能卖掉,得益也只有 $P-C<0$,不可能选择卖。因此这时候市场上出售的车应该都是好车,买方会放心选择购买。这正是最理想的一种市场均衡情况。

若 $V>W>P$,则这时无论车况好坏买方选择购买都是合算的,只是车好时更合算,因此买方必然会选择买。对于卖方来说这时候实际上不需要进行伪装,当然也是好车差车都会选择卖。不过,在这种情况下可能会分化出不同的价格或不同的市场,车况好的价钱高一些,车况差的则价钱低一些。出现价格差异后的情况类似双价模型,此时如果伪装成车况好卖高价合算,卖方会在车况差时搞伪装,否则会选择直接出售未经伪装的差车。

若 $P>V>W$,则无论车况好坏,买方买进都不合算,因此只有选择不买,而卖方也只好选择不卖。当然长期中这种市场的价格必然会下降,因为卖不掉商品的价格是不可能长期维持的。

5. 假如在二手车模型中先由购买者决定买或不买,然后再由厂商决定卖或不卖,但差车的卖主仍然需要支付伪装成本 C,因为否则交易会被取消。请画出博弈的扩展形,并找出该博弈的均衡。

参考答案:

该博弈的扩展形为(其中博弈方 1、博弈方 2 仍然分别指卖方、买方):

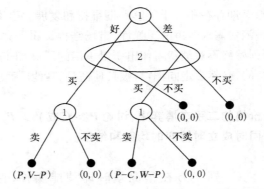

由于卖方具有完美信息,因此我们先分析卖方的选择。对于卖方来说,本博弈的得益首先可以分成两种情况,一种是 $P-C<0$,另一种是 $P-C>0$。

首先考虑 $P-C<0$ 的情况。这时候由于差车的伪装成本太大,有差车的卖方肯定不愿支付伪装成本,也就无法卖出,因此成交的只会是好车,买主可以放心购买。有好车的卖方当然会选择卖。因此这时候的均衡为"买方选择买,有好车的卖方选择卖,有差车的卖方选择不卖"。

现在考虑 $P-C>0$ 的情况。这时由于不管卖方有好车还是有差车,卖的得益总是高于不卖的得益,因此只要买方先提出买,卖方总是会卖的。买方知道这种情况,因此知道自己如果提出买既可能买到好车也可能买到差车,所以只有在买的期望得益高于不买的期望得益,即 $(V-P) \times P_g + (W-P) \times P_b > 0$ 时才会选择购买(其中 V 是对买方来说好车的价值,W 是差车的价值,P_g 是买方判断车好的概率,P_b 是买方判断车坏的概率)。因此当 $P-C>0$ 且买方买的期望得益为正时,该博弈的均衡是"买方选择买,卖方不管车好差都卖"。

如果在 $P-C>0$ 的情况下,$(V-P) \times P_g + (W-P) \times P_b < 0$,那么这时候买方肯定不愿意买。买方不提出买当然卖方也就只能不卖,但万一买方(可能是由于错误)提出买,卖方当然还是愿意卖的。因此在这种情况下的均衡是"买方不买,卖方在买方不买时不卖,在买方买时卖"。

6. 假设在一价二手车模型中 $V=5000$ 元,$W=1000$ 元,$P=3000$ 元,差车的概率是 0.6。再假设政府可以控制厂商的伪装成本 C,但每一单位 C 政府自己有 0.5 单位成本,而政府的效用是交易中买方的利益减去政府自己的成本。问该博弈的完美贝叶斯均衡是什么?

参考答案:

为了简单起见我们仍然根据只有买方卖方两个博弈方的一价模型的扩展形进行分析。

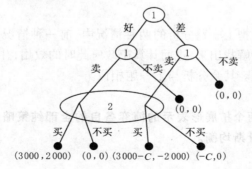

根据上述扩展形我们不难清楚,假设政府选择的 $C < 3\,000$,那么买卖双方博弈的市场均衡一定是市场失败类型或接近失败的,因为差车伪装出售有利可图,而在好车差车都卖的情况下买方选择买的期望利益为 $0.4\times2\,000+0.6\times(-2\,000)=-400<0$。在市场完全失败时因为买方的利益为 0,因此政府的效用肯定是非正的;在市场接近失败时买方的利益(期望得益)同样也是 0,因此政府的效用肯定也是非正的。

现在假设政府选择的 C 正好满足 $C>3\,000$,例如 $3\,001$ 等。这时候买卖双方的博弈均衡是市场完全成功类型的,也就是好车会卖,差车不会卖,买方则会买。这时候交易买方的利益是 $2\,000$,而政府提高 C 的成本只需要 $1\,500$ 左右,因此政府有正的效用。

根据上述分析不难得出结论,在上述存在政府选择的二手车交易模型中,政府选择把 C 提高到 $3\,000$ 以上,好车的卖方选择卖,差车的卖方选择不卖,买方选择买,构成该博弈的一个市场完全成功类型的完美贝叶斯均衡。

7. 如果把上一题中政府的效用改为交易双方利益的平均再减去提高 C 的成本,博弈的完美贝叶斯均衡是什么?

解答提示:

关键是把上一题分析的两种情况中,前一种情况下的市场接近失败均衡解找出来,进而计算出政府此时的效用,并与第二种情况进行比较。其余分析与上一题相似。

8. 求下列两个扩展形表示的博弈各自的全部纯策略纳什均衡和完美贝叶斯均衡。

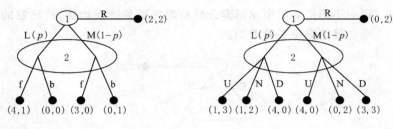

参考答案：

(1) 第一个博弈。

根据纳什均衡的定义，不难发现该博弈有两个纯策略纳什均衡(R, b)和(L, f)。

在这两个纳什均衡的基础上，再根据完美贝叶斯均衡的定义进行检验和分析，可以发现其中第二个纳什均衡(L, f)，再加博弈方2的相应判断：博弈方1没有采用R的情况下，采用L的概率$p=1$，采用M的概率$1-p=0$，构成该博弈的一个完美贝叶斯均衡。

(2) 第二个博弈。

根据严格下策反复消去法，我们首先可以消去博弈方1的R策，因为R策显然是相对于L策的严格下策。消去R以后的两阶段不完美信息动态博弈，实际上相当于博弈方1在L、M之间选择，博弈方2同时在U、N、D之间选择的静态博弈问题。

根据纳什均衡的定义和分析方法不难发现，这个静态博弈显然没有纯策略纳什均衡，其混合策略纳什均衡是：博弈方1以2/3和1/3的概率分布在L、M之间随机选择，博弈方2以1/4和3/4的概率分布在U和N之间随机选择。

上述混合策略纳什均衡再加上博弈方2对博弈方1策略的判断：采用L、M策略的概率分别为$p=2/3$和$1-p=1/3$，构成本博弈的混合策略完美贝叶斯均衡。在该均衡下两博弈方的期望得益分别为1和2。

9. 说明下图扩展形所示博弈无纯策略完美贝叶斯均衡,找出它的混合策略完美贝叶斯均衡。

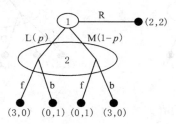

参考答案：

要说明本博弈没有纯策略完美贝叶斯均衡其实很容易,因为从博弈方 2 的角度,构成纯策略均衡,包括纯策略完美贝叶斯均衡,只有两种可能性,一种是采用 f,另一种是采用 b。但是,当博弈方 2 肯定采用 f 时,博弈方 1 会选择 L,而反过来博弈方 1 选择 L 时博弈方 2 肯定是不愿意选择 f 的,因此博弈方 2 采用 f 不可能构成纳什均衡,当然更不可能是完美贝叶斯均衡;当博弈方 2 肯定采用 b 时,博弈方 1 应该选择 M,而反过来博弈方 1 选择 M 时博弈方 2 也不会愿意选择 b,因此博弈方 2 采用 b 也不可能构成纳什均衡和完美贝叶斯均衡。这就说明本博弈是不可能有纯策略完美贝叶斯均衡的。

现在我们来找本博弈的混合策略完美贝叶斯均衡。首先考虑博弈方 1 没有采用 R 的情况。当博弈方 1 的均衡策略不是采用 R 时这是均衡路径上的选择,如果博弈方 1 的均衡策略是 R,这就是不在均衡路径上的选择。

当博弈方 1 在第一阶段没有采用 R 时,他(或她)和下一阶段博弈方 2 之间的博弈实际上相当于他(或她)选择 L 和 M,博弈方 2 选择 f 和 b 的静态博弈。这个静态博弈惟一的纳什均衡是,博弈方 1 和博弈方 2 各以 1/2 的相同概率分布,在各自的两个策略中随机选择的混合策略纳什均衡。这个混合策略纳什均衡下两个博弈方的期望得益分别为1.5和1。

由于在上述混合策略纳什均衡中博弈方1只能得到1.5单位的期望得益,因此博弈方1在该博弈中的合理选择是R而不是上述混合策略。

综合上述分析可以得到结论,该博弈的惟一的完美贝叶斯均衡是:(1)博弈方1选择R;(2)万一博弈方1第一阶段没有采用R,那么博弈方2判断博弈方1选择L和M的概率各1/2;(3)博弈方2第二阶段以1/2的概率分布在f和b中随机选择。

10. 下图是一个三人三阶段博弈。第一阶段博弈方1选择L_1、M_1和R_1。如果博弈方1选择了M_1或R_1则轮到博弈方2在L_2和R_2中选择,此时他无法知道博弈方1的确切选择。第三阶段博弈方3在L_3和R_3中选择,此时他也不知道博弈到达了两个节点中的哪一个。请分析该博弈的均衡路径。

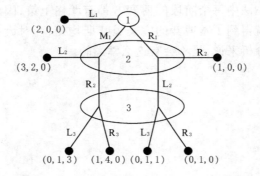

参考答案:

虽然这个博弈是不完美信息的博弈问题,我们仍然可以先尝试运用逆推归纳法进行分析。

首先分析第三阶段博弈方3的选择。我们不难发现在第三阶段博弈方3的两种策略中,L_3是相对于R_3的严格上策,因此博弈方 3 惟一的选择是 L_3。

倒推回第二阶段。博弈方 2 了解博弈方 3 的选择思路,知道博弈方 3 轮到选择时只会选择 L_3 而不会选择 R_3,因此在博弈方 1 选择 M_1 和 R_1 两种情况下,自己选择 L_2 的得益都大于选择 R_2 的得益,因此 L_2 是惟一合理的选择。

再进一步倒推回第一阶段。由于博弈方 1 知道后两个阶段两个博弈方的选择,因此博弈方 1 在这个阶段的惟一合理的选择是 M_1。

综上我们可以得到结论,在这个不完美信息动态博弈中,博弈方 1 在第一阶段选择 M_1;博弈方 2 在第二阶段判断博弈方 1 选择 M_1 的概率为 1 并选择 L_2;假如进行到第三阶段,博弈方 3 判断博弈方 2 选择 L_2 的概率是 1 并选择 L_3,构成本博弈的一个纯策略完美贝叶斯均衡。

值得注意的是,本博弈虽然是不完美信息动态博弈,但是因为在逆推归纳法中每个阶段的博弈方都有严格上策,因此直接用逆推归纳法就得到了本博弈的完美贝叶斯均衡,而对大多数不完美信息博弈分析来说,是不会有这么幸运的。

第七章 不完全信息静态博弈

7.1 本章要点

1. 至少一个博弈方不完全清楚其他至少一个博弈方得益情况的静态博弈,称"不完全信息静态博弈",也称"静态贝叶斯博弈"。不完全信息并不是完全没有信息,不完全信息的博弈方至少需要有其他博弈方得益相关因素取值范围和分布概率的知识,而且这种知识是博弈方之间的共同知识。不完全信息静态博弈问题在现实的市场竞争和交易中普遍存在。不完全信息静态博弈分析有重要的应用价值,也是现代信息经济学的主要基础理论之一。

2. 静态贝叶斯博弈可表示为 $G = \{A_1, \cdots, A_n; T_1, \cdots, T_n; p_1, \cdots, p_n; u_1, \cdots, u_n\}$。其中 A_i 为行为空间,T_i 是类型空间 $(t_i \in T_i)$;得益 $u_i(a_1, \cdots, a_n, t_i)$ 是策略组合 $(a_1, \cdots, a_n)$ 和类型 t_i 的多元函数;$p_i = p_i\{t_{-i}|t_i\}$ 是条件概率函数,即博弈方 i 在自己的类型为 t_i 时,对其他博弈方类型的组合 t_{-i} 的判断。

3. 海萨尼 1967 年提出的一种"海萨尼转换"的思路,可以将不完全信息静态(或动态)博弈,转化为完全但不完美信息的动态博弈:(1) 引进虚拟的"自然"博弈方,让它先为各博弈方随机选择类型;(2) "自然"博弈方让各实际博弈方知道自己的类型,但不让博弈方(部分或全部)知道其他博弈方的类型;

(3) 再进行原来的静态(或动态)博弈。经过这种转换,不完全信息静态博弈就转化为了完全但不完美信息动态博弈,而对类型的判断变成对"自然"对类型的选择的判断,但不难看出经过转化的博弈与原来的博弈实际上是相同的。经过海萨尼转换得到的特定形式的完全但不完美信息动态博弈,既可以用完美贝叶斯均衡的分析方法进行分析,也可以用专门的贝叶斯纳什均衡的分析方法进行分析。

4. 静态贝叶斯博弈中的策略是博弈方所有可能类型 t_i 的函数 $S_i(t_i)$。$S_i(t_i)$ 设定博弈方 i 对自己的各种可能类型 t_i,从自己的行为空间 A_i 中选择的相应行动 a_i。$S_i(t_i)$ 既可以是离散函数,也可以是连续函数,具体取决于类型空间的情况。

5. 在静态贝叶斯博弈 $G = \{A_1, \cdots, A_n; T_1, \cdots, T_n; p_1, \cdots, p_n; u_1, \cdots, u_n\}$ 中,如果对任意博弈方 i 和他的每一种可能的类型 $t_i \in T_i$,$S_i^*(t_i)$ 所选择的行动 a_i 都能满足

$$\max_{a_i \in A_i} \sum_{t_{-i}} \{u_i[S_1^*(t_1), \cdots, S_{i-1}^*, a_i, S_{i+1}^*(t_{i+1}), \cdots, S_n^*(t_n), t_i] p(t_{-i} | t_i)\},$$

则称策略组合 $S^* = (S_1^*, \cdots, S_n^*)$ 为 G 的一个(纯策略)贝叶斯纳什均衡。贝叶斯纳什均衡既是完全信息静态博弈的纳什均衡概念在静态贝叶斯博弈中的扩展,也可看作完美贝叶斯均衡在有同时选择的完全但不完美信息动态博弈中的特殊形式,贝叶斯纳什均衡是静态贝叶斯博弈分析的核心均衡概念。对一般的有限静态贝叶斯博弈,在允许采用混合策略的情况下贝叶斯纳什均衡理论上总是存在的。

6. 在寡头产量决策的古诺模型中,当博弈方相互对对方的成本等有关利润的信息不完全了解时,就是不完全信息古诺模型。不完全信息古诺模型是静态贝叶斯博弈的经典例子。在理论上该博弈对于阐明静态贝叶斯博弈分析的原理有重要作用,

与完全信息古诺模型的对比又可以使我们得到关于不完全信息的影响等许多有意义的结论和启示。在应用方面,因为厂商之间常常会相互保密等原因,不完全信息古诺博弈往往比完全信息古诺博弈更普遍,因此也有更重要的应用价值。此外,其他许多不完全信息静态博弈也可以借鉴该模型的分析方法。不完全信息古诺模型的博弈方之间可以是对称的,即相互都没有完全信息,也可以是不对称的,即部分有完全信息,部分有不完全信息。博弈方的类型空间既可以是离散的,也可以是连续的。离散策略空间时在引进期望得益函数和分类型进行最优策略选择后,分析方法与完全信息古诺模型相似。对连续类型空间的分析则需要先确定策略函数类型,通常只考虑线性策略。

7. 拍卖问题是当前博弈论、信息经济学和经济学最热门的研究领域之一,也是博弈论的重要模型。现代博弈论等对拍卖问题的研究,并不仅仅局限于严格意义上的拍卖,也包括招投标活动,甚至还包括许多与拍卖并不明显有关,但与其有相似博弈特征的其他交易活动。因为拍卖的利益与人们对标的的估价有关,而估价常常是主观的,因此拍卖博弈一般都是不完全信息博弈。拍卖和招投标都是市场经济中的重要交易方式,拍卖博弈有许多不同的模型,这种博弈模型对于不完全信息博弈理论研究有重要的价值,应用价值也很大。

8. 有下列三个基本特征的拍卖或招投标活动称为"暗标拍卖":(1)密封递交标书;(2)统一时间公证开标;(3)标价最高者以所报标价中标。暗标拍卖的规则可以有一定的差异,例如竞拍、投标者是否需要交保证金,拍卖是否有底价等。暗标拍卖是典型的不完全信息静态博弈。暗标拍卖的均衡取决于各个博弈方的估价、估价的概率分布,以及各博弈方所采取策略的函数类型等因素。

9. 如下的交易规则称为"双方报价拍卖":买方和卖方同时各报一个价格 P_b 和 P_s,如果 $P_b \geqslant P_s$ 则以 $P = (P_b + P_s)/2$ 成交,否则不成交。双方报价拍卖的交易规则与我国证券交易中的电子自动成交撮合系统的规则很相似,差别是证券交易的买方和卖方都有许多。双方报价拍卖也是静态贝叶斯博弈的经典例子。

10. 在完美贝叶斯博弈中,若博弈方的策略是典型的线性函数,则称为"线性策略"。如果各个博弈方都采用线性策略构成贝叶斯纳什均衡,则称为"线性策略均衡"。人们在现实的决策活动中一般不会采取过分复杂的策略,线性策略正是最可能采用的策略,因此完美贝叶斯博弈中最常讨论的均衡就是线性策略均衡。

11. 双方报价拍卖中,如果博弈方都采用要么在某个特定价格上成交,要么不成交的策略,这样构成的均衡称为"一价均衡"。一价均衡是双方报价拍卖特有的均衡,其效率比线性策略贝叶斯纳什均衡低。事实上,梅尔森(Myerson)和塞特舒卫德(Satterthwaite)1983 年证明在估价为标准分布的双方报价拍卖静态贝叶斯博弈中,线性策略均衡能够产生比其他任何贝叶斯纳什均衡更高的期望得益。

12. 拍卖问题中的卖方往往可以通过对拍卖规则的设计达到特定的目的。卖方对拍卖规则的设计也就是对拍卖博弈规则的设计,是拍卖理论研究的重要组成部分。博弈规则设计不仅在拍卖问题中有意义,在其他博弈问题中也有意义。在现代博弈论中博弈规则设计通常称为"实现理论"或"实施理论"。

13. 由下面两条基本规则构成的拍卖机制称"直接机制"(direct mechanism):(1) 投标人同时声明自己对标的的估价(即类型);(2) 假如各投标人的声明是 $(t'_1, \cdots, t'_n)$,则投标人 i 拍

得标的的概率为 $q_i(t'_1, \cdots, t'_n)$，即以概率分布 $q_1, \cdots, q_n$ 随机决定哪个投标方中标，如果投标方 i 中标，中标价格则为 $p_i(t'_1, \cdots, t'_n)$。注意对各种可能的声明情况 $(t'_1, \cdots, t'_n)$，各投标方中标概率之和必须限于小于 1，即满足 $q_1(t'_1, \cdots, t'_n) + q_2(t'_1, \cdots, t'_n) + \cdots + q_n(t'_1, \cdots, t'_n) \leqslant 1$。直接机制的意义是只要投标人声明他们各自对拍卖标的的估价，而不需要他们报出标价，卖方会根据预先确定的包括一个随机选择过程的运作机制自动确定中标者和中标价格。拍卖的直接机制中最有意义的是使得各投标人声明自己的真实类型（对标的的真实估价）是贝叶斯纳什均衡的直接机制，这种直接机制称为"说实话（也称为"鼓励-响应"或"激励-相容"）的直接机制"。

14. 梅尔森 1979 年提出了"揭示原理"（revelation principle）：任何贝叶斯博弈的任何贝叶斯纳什均衡，都可以被一个说实话的直接机制"代表"。该定理之所以称为"揭示原理"，是因为它肯定了对任何贝叶斯博弈的任何贝叶斯纳什均衡，都能设计出一种促使各博弈方"揭示"自己真实类型的直接机制来实现它。该原理对于博弈方有私人信息的各种博弈规则设计问题都有重要的理论和实践意义，使得拍卖规则的设计问题得到了简化，因为理论上只需要考虑这种直接机制，而不需要考虑拍卖规则设计的所有可能性。揭示原理不仅适用于静态贝叶斯博弈，同样也适用于动态贝叶斯博弈。

15. 完全信息静态博弈中的一个混合策略纳什均衡，几乎总是可以被解释成一个有少量不完全信息的近似博弈的一个纯策略贝叶斯纳什均衡。因此我们也可以说，一个混合策略纳什均衡的根本特征不是博弈方以随机的方法选择策略（即行为），而是各博弈方对其他博弈方的选择不能确定。这是海萨尼 1973 年得出的结论。

7.2 教材习题

1. 静态贝叶斯博弈中博弈方的策略有什么特点？为什么？

参考答案：

静态贝叶斯博弈中博弈方的一个策略就是他们针对自己各种可能的类型如何作相应选择的完整计划。或者换句话说，静态贝叶斯博弈中博弈方的策略就是类型空间到行为空间的一个函数，可以是线性函数，也可以是非线性函数，当博弈方的类型只有有限几种时是离散函数，当博弈方的类型空间是连续区间或空间时则是连续函数。只有一种类型的博弈方的策略仍然是一种行为选择，但我们同样可以认为是其类型的函数。

静态贝叶斯博弈中博弈方的策略之所以必须是针对自己所有可能类型的函数，原因是博弈方相互会认为其他博弈方可能属于每种类型，因此会考虑其他博弈方所有各种可能类型下的行为选择，并以此作为自己行为选择的根据。因此各个博弈方必须设定自己在所有各种可能类型下的最优行为，而不仅仅只考虑针对真实类型的行为选择。

2. 贝叶斯纳什均衡与完美贝叶斯均衡是什么关系？静态贝叶斯博弈分析中为什么要引进贝叶斯纳什均衡概念？

参考答案：

贝叶斯纳什均衡是完美贝叶斯均衡在静态贝叶斯博弈中的特殊形式，因此贝叶斯纳什均衡一定是完美贝叶斯均衡，但完美贝叶斯均衡不一定是贝叶斯纳什均衡。

在静态贝叶斯博弈分析中引进贝叶斯纳什均衡概念的优点是，使得我们对这种特定类型的博弈分析更加程式化、方便和有条理。

3. 直接机制在拍卖规则设计中有什么意义？

参考答案：

直接机制在拍卖规则设计中最大的意义在于可以简化拍卖规则的设计。因为理论证明任何一个贝叶斯纳什均衡都可以用一个说实话的直接机制来代表（揭示原理），而任何拍卖规则对应的拍卖博弈都可以用贝叶斯纳什均衡进行分析和预测，这说明任何拍卖规则实现的结果肯定能用直接机制加以实现，这可以在很大程度上简化拍卖规则设计。

进一步在理论上，直接机制及其与拍卖博弈贝叶斯纳什均衡之间的关系，也揭示了在拍卖博弈或其他包含激励问题的机制设计问题中，通过机制设计所能达到效果的最大限度。因为说实话的直接机制包含获取信息的成本（鼓励激励对象揭示真实情况的代价），拍卖博弈等的贝叶斯纳什均衡与一个说实话的直接机制等价，说明任何拍卖规则或其他激励机制设计能达到的最理想效果，就是激励对象的真实情况所决定的最大潜在出价或努力，减去上述信息成本。

4. 双寡头古诺模型，倒转的需求函数为 $P(Q) = a - Q$，其中 $Q = q_1 + q_2$ 为市场总需求，但 a 有 a_h 和 a_l 两种可能的情况，并且厂商 1 知道 a 究竟是 a_h 还是 a_l，而厂商 2 只知道 $a = a_h$ 的概率是 θ，$a = a_l$ 的概率是 $1 - \theta$，这种信息不对称情况是双方都了解的。双方的总成本仍然是 $c_i q_i = c q_i$。如果两厂商同时选择产量，问双方的策略空间是什么？本博弈的贝叶斯纳什均衡是什么？

参考答案：

设厂商 1 已知 $a = a_h$ 时的产量为 $q_1(a) = q_{1h}$，已知 $a = a_l$ 时

的产量是 $q_1(a) = q_{1l}$，再假设厂商 2 的产量是 q_2。这两个函数关系就是两厂商的策略空间。

上述三种情况下两厂商的利润函数分别为：
$$\pi_{1h} = (a_h - q_{1h} - q_2)q_{1h} - cq_{1h}$$
$$\pi_{1l} = (a_l - q_{1l} - q_2)q_{1l} - cq_{1l}$$
$$E\pi_2 = \theta \cdot (a_h - q_{1h} - q_2)q_2 + (1-\theta) \cdot (a_l - q_{1l} - q_2) \cdot q_2 - cq_2$$

通过偏导数求三种情况下的反应函数：
$$a_h - q_2 - 2q_{1h} - c = 0$$
$$a_l - q_2 - 2q_{1l} - c = 0$$
$$\theta \cdot (a_h - q_{1h} - 2q_2) + (1-\theta) \cdot (a_l - q_{1l} - 2q_2) = c$$

解得厂商 1 的策略为：
$$q_{1h} = \frac{a_h - q_2 - c}{2} = \frac{a_h - c}{2} - \frac{1}{6\theta}[a_h\theta + (1-\theta) \cdot a_l - c]$$
$$q_{1l} = \frac{a_l - q_2 - c}{2} = \frac{a_l - c}{2} - \frac{1}{6\theta}[a_h\theta + (1-\theta) \cdot a_l - c]$$

厂商 2 的策略为：
$$q_2 = \frac{1}{3\theta} \cdot [a_h\theta + (1-\theta) \cdot a_l - c]$$

因此本博弈的贝叶斯纳什均衡是：当 $a = a_h$ 时厂商 1 生产上述 q_{1h}，当 $a = a_l$ 时厂商 1 生产上述 q_{1l}。厂商 2 的产量只有上述 q_2。

5. 在 7.2 节的暗标拍卖博弈中，假设仍然是最高价中标，投标者的估价独立分布于 $[0, 1]$，但投标者现在有 n 人，问该博弈的线性策略贝叶斯纳什均衡是什么？

参考答案：
设 n 个投标者的估价分别为 $v_1, \cdots, v_n$，并设他们都采用如下的线性策略：

$$b_i = \theta_i v_i$$

那么根据 7.2 节暗标拍卖模型的基本假设和本题假设，投标者 i 的期望收益为：

$$\begin{aligned}
Eu_i &= (v_i - b_i) \prod_{j=1,\cdots,n;\, j\neq i} P\{b_i > b_j\} \\
&= v_i(1-\theta_i) \prod_{j=1,\cdots,n;\, j\neq i} P\left\{v_j < \frac{\theta_i}{\theta_j} v_i\right\} \\
&= v_i(1-\theta_i) \frac{\theta_i^{n-1}}{\prod\limits_{j=1,\cdots,n;\, j\neq i} \theta_j} v_i^{n-1} \\
&= (\theta_i^{n-1} - \theta_i^{n}) \frac{v_i^{n}}{\prod\limits_{j=1,\cdots,n;\, j\neq i} \theta_j}
\end{aligned}$$

上述期望得益对 θ_i 求偏导数并令为 0，可得：

$$(n-1)\theta_i^{n-2} - \theta_i^{n-1} = 0$$

可解得

$$\theta_i = \frac{n-1}{n}$$

这意味着投标者 i 的策略是

$$b_i = \theta_i v_i = \frac{n-1}{n} v_i$$

由于所有投标者都是相同的，因此每个投标者都把自己估价的 $\dfrac{n-1}{n}$ 倍作为自己的报价，是该博弈的一个线性策略贝叶斯纳什均衡。

6. 如果 7.2 节暗标拍卖模型的规则改为标价最高者以次高价中

标,问该博弈的线性策略均衡是什么?

参考答案:

当 7.2 节暗标拍卖模型的规则修改成标价最高者以次高价中标时,博弈方 i 的得益函数为:

$$u_i = u_i(b_1, b_2, v_1, v_2) = \begin{cases} v_i - b_j & \text{当 } b_i > b_j \text{ 时} \\ (v_i - b_j)/2 & \text{当 } b_i = b_j \text{ 时} \\ 0 & \text{当 } b_i < b_j \text{ 时} \end{cases}$$

式中 $i=1$ 时 $j=2$,当 $i=2$ 时 $j=1$。因此博弈方 i 选择标价 b_i 的目标是:

$$\max_{b_i}(v_i - b_j)P\{b_i > b_j\}$$

注意式中 $b_i = b_i(v_i)$, $b_j = b_j(v_j)$, $i, j = 1, 2$。

由于 $v_i - b_j$ 与 b_i 无关,因此在 $v_i > b_j > 0$ 的前提下,上述最大化问题与 $b_i > b_j$ 的概率最大化

$$\max_{b_i} P\{b_i > b_j\}$$

是一致的。使 $b_i > b_j$ 的概率最大化的惟一方法则是尽可能取最大的 b_i。

由于当 $v_i < b_j$ 时有亏损的风险,因此可以选择的最大的 b_i 合理值就是 v_i。此时如果博弈方 i 能够中标,就一定满足 $b_i > b_j$。由于 b_j 就是中标价格,因此 $v_i - b_j = b_i - b_j > 0$,博弈方有正的利益,取尽可能大的概率是正确的;此时如果博弈方 i 不能中标,那么说明 $b_i = v_i \leqslant b_j$,为了中标再进一步提高标价只会带来亏损。因此标价等于估价正是博弈方 i 的最佳策略。

由于两博弈方的情况是相同的,因此所有博弈方都把自己的真实估价作为报价,就是这种最高报价者以次高价中标的暗标拍卖(也成为"次高价暗标拍卖")博弈的贝叶斯纳什均衡。该贝叶斯

纳什均衡当然也是线性策略均衡。投标者的数量增加到超过两人时结论也是相同的。

7. 若(1)"自然"以均等的概率决定得益是下述得益矩阵 1 的情况还是得益矩阵 2 的情况,并让博弈方 1 知道而不让博弈方 2 知道;(2)博弈方 1 在 T 和 B 中选择,同时博弈方 2 在 L 和 R 中进行选择。找出该静态贝叶斯博弈的所有纯策略贝叶斯纳什均衡。

	L	R
T	1,1	0,0
B	0,0	0,0

得益矩阵 1

	L	R
T	0,0	0,0
B	0,0	2,2

得益矩阵 2

参考答案:

在这个静态贝叶斯博弈中,博弈方 1 的策略是私人信息类型的函数:当"自然"选择得益矩阵 1 时选择 T,当"自然"选择得益矩阵 2 时选择 B。

博弈方 2 的策略则根据期望利益最大化决定。博弈方 2 选择 L 策略的期望得益为 $0.5 \times 1 + 0.5 \times 0 = 0.5$,选择 R 策略的期望得益为 $0.5 \times 0 + 0.5 \times 2 = 1$,因此博弈方 2 必定选择 R。

所以该博弈的纯策略贝叶斯纳什均衡只有:博弈方 1 在"自然"选择得益矩阵 1 时选择 T,当"自然"选择得益矩阵 2 时选择 B;博弈方 2 选择 R。

7.3 补充习题

1. 判断下列论述是否正确,并作简单分析。

(1)海萨尼转换可以把不完全信息静态博弈转换为不完美信

息动态博弈,说明有了海萨尼转换,不完全信息静态博弈和一般的不完美信息动态博弈是完全等同的,不需要另外发展分析不完全信息静态博弈的专门分析方法和均衡概念。

(2) 完全信息静态博弈中的混合策略可以被解释成不完全信息博弈的纯策略贝叶斯纳什均衡。

(3) 证券交易所中的集合竞价交易方式本质上就是一种双方报价拍卖。

(4) 静态贝叶斯博弈中之所以博弈方需要针对自己的所有可能类型都设定行为选择,而不是只针对实际类型设定行为选择,是因为能够迷惑其他博弈方,从而可以获得对自己更有利的均衡。

(5) "鼓励-响应"的直接机制能保证博弈方都按他们的真实类型行为并获得理想的结果。

参考答案:

(1) 错误。即使海萨尼转换可以把不完全信息静态博弈转换为不完美信息动态博弈,也是一种特殊的,两阶段有同时选择的不完美信息动态博弈,对这种博弈的分析进行专门讨论和定义专门的均衡概念有利于提高分析的效率。

(2) 正确。完全信息静态博弈中的混合策略博弈,几乎总是可以被解释成一个有少量不完全信息的近似博弈的一个纯策略贝叶斯纳什均衡。夫妻之争博弈的混合策略纳什均衡可以用不完全信息夫妻之争博弈的贝叶斯纳什均衡表示就是一个例证。

(3) 正确。我国证券交易中运用的集合竞价确定开盘价的方式,其实就是一种双方报价拍卖。与一般双方报价拍卖的区别只是交易对象、标的不是一件,而是有许多件。

(4) 错误。静态贝叶斯博弈中之所以博弈方需要针对自己所有的可能类型,而不是只针对自己的实际类型,设定行为选择,并不是因为可以迷惑其他博弈方,而是因为其他博弈方必然会考虑这些行为选择并作为他们自己行为选择的依据,因此只根据实际类型考虑行为选择就无法判断其他博弈方的策略,从而也就无法找出自己的最优策略。其实,在这种博弈中一个博弈方即使自己不设定针对自己所有类型的行为选择,其他博弈方也会替他(或她)考虑,因此设定自己所有类型下的行为,实际上是要弄清楚其他博弈方对自己策略的判断。

(5) 错误。鼓励-响应,也就是说真话的直接机制实际上只保证博弈方揭示,也就是说出自己的真实类型。博弈方不直接选择行为,也不保证根据真实类型行为,更谈不上一定能实现最理想的结果。因为直接机制的结果常常是带随机选择机制的,并不一定理想。实际上对所有博弈方都理想的结果在静态贝叶斯博弈中本身不一定存在。

2. 如果在教材习题 5 中投标者为两人,且他们的估价相同,则贝叶斯纳什均衡是什么?博弈的结果是什么?如果两投标者知道他们的估价是相同的,结果会发生什么变化?

参考答案:

如果两投标者在出价时并不知道他们的估价相同,那么他们的行为与一般 n 人投标的暗标拍卖是一致的。我们设两投标者的估价为 V。根据教材习题 5 的答案,两投标者的标价应都为:

$$b = \frac{n-1}{n}V = \frac{2-1}{2}V = \frac{1}{2}V$$

因此,该博弈的贝叶斯纳什均衡是两投标者出的标价都是他们估价的一半,当然实际上是相同的。博弈的结果是因为双方通过随机抽签的方法决定由谁以该价格中标。

如果两投标者知道他们的估价相同,情况就会发生变化。事实上,在这种情况下这个博弈问题其实不再是不完全信息的博弈,而是一个完全信息的静态博弈问题,这时候纯策略纳什均衡是双方的报价都等于他们的相同估价,谁都无利可图。

3. 从不完全信息博弈的角度,从高到低叫价的荷兰式拍卖和暗标拍卖之间是否有相似性?

参考答案:

　　从不完全信息博弈的角度,荷兰式拍卖与无底价的暗标拍卖其实基本上是相同的。因为虽然荷兰式拍卖的公开叫价与暗标拍卖的密封标书拍卖在形式上有较大差异,但这两种拍卖方式中各个博弈方的信息状态是相同的,最高价中标的拍卖规则也是相同的,而且荷兰式拍卖中各个竞拍者在参与竞拍时事实上事先必须有一个心理价位,这个价位与暗标拍卖中密封在信封中的标价应该相同,得到的结果也相同。因此从不完全信息博弈的角度,荷兰式拍卖与暗标拍卖实质上是相同的。这两种拍卖方式的主要不同是适用的拍卖标的物不同,附加规则、条件的难易程度不同,以及不同的形式和现场气氛对参加者会产生不同的心理作用等。

4. 根据从各种拍卖博弈模型分析中得到的结论和启发,你觉得哪些方法或措施有利于卖方或拍卖组织者提高拍卖的价格和效率?

参考答案:

　　(1)根据各种拍卖模型的分析我们可以知道,吸引更多的竞拍、投标者参加竞拍和投标,增加竞拍、投标者的数量,对于提高拍卖的成交率和拍卖价格肯定会有好处。当然,这里面同样也有一个成本收益的问题,因为吸引更多竞拍、投标者常常也是有成本代价的,如果从成交率和成交价提高得到的好处并不明显高于成本,那么也不宜一味运用这种方法。

(2) 合理运用信息不对称性也是很重要的手段。在不同的拍卖问题中和不同的条件下,信息不对称的作用是不同的。例如当竞投、竞拍者估价相近时,增加各方信息、提高信息透明度有利于提高成交价,这时候应通过加强广告和沟通以降低信息不对称性,但当各方估价相差很远时,则不宜增加各方的信息,应该保持和强化信息不对称性。

(3) 在组织拍卖中必须注意的一个问题是必须注意防止竞拍、投标者之间的串谋。因为竞拍、投标者之间的串谋往往会对拍卖方的利益造成很大的损害。而且一般拍卖的组织者对于这种串谋舞弊也很难进行惩罚。因此预先防止这种串谋是很重要的。

(4) 利用直接机制帮助简化拍卖规则设计,提高拍卖的效率。

此外,组织拍卖还有许多其他的技巧和原则,例如应该根据拍卖标的的性质运用不同的拍卖规则和方法,对鲜活商品等必须迅速成交的商品可以采用荷兰式拍卖,在通常情况下可以利用多轮次竞价中的心理作用等提高拍卖效率和成交价等。

5. 两寡头古诺产量竞争模型中厂商 i 的利润函数为 $\pi_i = q_i(t_i - q_j - q_i)$, $i = 1, 2$。若 $t_1 = 1$ 是两个厂商的共同知识,而 t_2 则是厂商 2 的私人信息,厂商 1 只知道 $t_2 = 3/4$ 或 $4/5$,且 t_2 取这两个值的概率相等。若两个厂商同时选择产量,请找出该博弈的纯策略贝叶斯均衡。

参考答案:

假设厂商 1 的产量是 q_1,厂商 2 在 $t_2 = 3/4$ 和 $t_2 = 5/4$ 时的产量分别是 q_2^l 和 q_2^h,则厂商 2 在两种情况下的得益函数分别为:

$$\pi_2 = q_2^h \left(\frac{5}{4} - q_1 - q_2^h \right)$$

和

$$\pi_2 = q_2^l \left(\frac{3}{4} - q_1 - q_2^l \right)$$

厂商 1 的期望得益函数为：

$$E\pi_1 = \frac{1}{2} q_1 \cdot (1 - q_1 - q_2^l) + \frac{1}{2} q_1 \cdot (1 - q_1 - q_2^h)$$

用反应函数法,将上述得益和期望得益函数分别对 q_2^l、q_2^h 和 q_1 求一阶偏导并令为 0,解得反应函数后再联立可解得：

$$q_1 = \frac{1}{3} \quad q_2^l = \frac{5}{24} \quad q_2^h = \frac{11}{24}$$

这就是该博弈的纯策略贝叶斯纳什均衡。

6. 请用下面这个两市场博弈验证海萨尼关于混合策略和不完全信息博弈关系的结论。

		厂商 2 A	厂商 2 B
厂商 1	A	−1, −1	1, 0
厂商 1	B	0, 1	0, 0

参考答案：

根据对完全信息静态博弈的分析方法,我们很容易发现上述两市场博弈有两个纯策略纳什均衡(A, B)和(B, A),以及一个对称的混合策略纳什均衡：每个厂商都以 $\frac{1}{2}$ 的相同概率随机选择 A 和 B。

现在我们把上述两市场博弈改成不完全信息的版本。设两个厂商的得益如下面的得益矩阵所示：

第七章 不完全信息静态博弈

		厂商 2	
		A	B
厂商 1	A	$-1, -1$	$1+t_1, 0$
	B	$0, 1+t_2$	$0, 0$

其中 t_1 和 t_2 分别是两个厂商的私人信息,对方只知道它们都均匀分布在 $[-\varepsilon, +\varepsilon]$ 上。这时候,我们不难证明厂商 1 采用策略"$t_1 > 0$ 时选择 A,否则选择 B",厂商 2 也采用策略"$t_2 > 0$ 时选择 A,否则选择 B",构成这个不完全信息静态博弈的一个贝叶斯纳什均衡。根据 t_1 和 t_2 的上述分布,我们知道两个厂商选择 A 和 B 的概率都是 $\frac{1}{2}$。当 ε 趋向于 0 时,这个不完全信息博弈与完全信息博弈越来越接近,其纯策略贝叶斯均衡当然与完全信息博弈的混合策略纳什均衡完全相同。

7. 两个厂商同时决定是否进入某个市场。两个厂商的进入成本为 $c_i \in [0, +\infty]$ 是各自的私人信息,另一个厂商只知道 c_i 的分布函数为 $P(c_i)$。只有一个厂商 i 进入时收益为 $H - c_i$,两个厂商都进入时收益各为 $L - c_i$,都不进入收益都为 $0, H > L > 0$。求该博弈的贝叶斯纳什均衡。

参考答案:

根据问题的假设,该博弈的得益矩阵如下:

		厂商 2	
		进入	不进入
厂商 1	进入	$L-c_1, L-c_2$	$H-c_1, 0$
	不进入	$0, H-c_2$	$0, 0$

假设厂商 1 采用如下的临界值策略:当 $c_1 \leqslant w$ 时,采用"进入"策略;当 $c_1 > w$ 时,采用"不进入"策略。假设厂商 2 采用如下

的临界值策略：当 $c_2 \leqslant t$ 时，采用"进入"策略；当 $c_2 > t$ 时，采用"不进入"策略。因此厂商 1 采用进入策略的概率是 $P(w)$，不进入的概率是 $1-P(w)$；厂商 2 采用进入策略的概率是 $P(t)$，不进入的概率是 $1-P(t)$。

从厂商 1 的角度来看，选择进入和不进入的期望得益分别为：

$$P(t) \times (L-c_1) + [1-P(t)] \times (H-c_1) = P(t)(L-H) + H - c_1$$

$$P(t) \times 0 + [1-P(t)] \times 0 = 0$$

当进入的期望得益大于不进入的期望得益时厂商 1 会采用进入。所以厂商 1 的进入条件是：

$$P(t)(L-H) + H - c_1 > 0$$

或

$$c_1 < P(t)(L-H) + H$$

这样就得到了厂商 1 进入的临界值 $w = P(t)(L-H) + H$。

从厂商 2 的角度来看，选择进入和不进入的期望得益分别为：

$$P(w) \times (L-c_2) + [1-P(w)] \times (H-c_2)$$
$$= P(w)(L-H) + H - c_2$$
$$P(w) \times 0 + [1-P(w)] \times 0 = 0$$

当进入的期望得益大于不进入的期望得益时厂商 2 才会采用进入。所以厂商 2 的进入条件是：

$$P(w)(L-H) + H - c_2$$

或

$$c_2 < P(w)(L-H) + H$$

这样就得到了厂商 2 进入的临界值 $t = P(w)(L-H) + H$

第七章 不完全信息静态博弈 171

在已知分布函数为 $P(c_i)$ 的情况下,可从联立方程组

$$\begin{cases} w = P(t)(L-H) + H \\ t = P(w)(L-H) + H \end{cases}$$

解得 t 和 w。以这两个临界值构造的临界值策略,就是该博弈的贝叶斯纳什均衡。此时厂商 1 选择进入的概率为 $P(w)$,厂商 2 选择进入的概率为 $P(t)$。

8. 两人参加一次暗标拍卖,他们的估价都是 $[0,1]$ 上的标准分布。如果两竞拍者的效用函数都是自己的真实估价减去中标价格,再乘一个反映风险态度的参数 α($\alpha > 1$、$\alpha = 1$ 和 $\alpha < 1$ 分别表示风险偏好、风险中性和风险厌恶)。
  (1) 请分析在线性策略均衡中,竞拍者的出价与它们的风险态度有什么关系。
  (2) 如果改为两竞拍者的效用是估价先乘参数 α 以后再减去中标价格(表明竞拍者主要担心的是估价的风险),在线性策略均衡中他们的出价与风险态度有什么关系?

参考答案:

(1) 分别称参加投标的两人为博弈方 1 和博弈方 2。假设博弈方 i 对拍品的估价为 v_i,标价为 b_i,$i = 1, 2$。用价格 P 拍得拍品的效用为 $\alpha(v_i - P)$。博弈方 i 的效用函数是:

$$u_i = u_i(b_1, b_2, v_1, v_2) = \begin{cases} \alpha(v_i - b_i) & \text{当 } b_i > b_j \text{ 时} \\ \alpha(v_i - b_i)/2 & \text{当 } b_i = b_j \text{ 时} \\ 0 & \text{当 } b_i < b_j \text{ 时} \end{cases}$$

如果策略组合 $[b_i, b_j]$ 是一个贝叶斯纳什均衡,那么在线性策略均衡中满足:

$$\max_{b_i} [\alpha(v_i - b_i) P\{b_i > a_j + c_j v_j\}]$$

$$= \max_{b_i}\left[\alpha(v_i - b_i)P\left\{v_j < \frac{b_i - a_j}{c_j}\right\}\right]$$

$$= \max_{b_i}\left[\alpha(v_i - b_i)\frac{b_i - a_j}{c_j}\right]$$

其一阶条件为 $b_i = \frac{v_i + a_j}{2}$。最后的出价 $b_i(v_i) = v_i/2$ 与风险态度 α 无关。(具体推导过程参见教材)

(2) 如果改为两竞拍者的效用是估价先乘参数 α 以后再减去中标价格(表明竞拍者主要担心的是估价的风险),即效用为 $\alpha v_i - P$。博弈方 i 的效用函数是:

$$u_i = u_i(b_1, b_2, v_1, v_2) = \begin{cases} \alpha v_i - b_i & \text{当 } b_i > b_j \text{ 时} \\ (\alpha v_i - b_i)/2 & \text{当 } b_i = b_j \text{ 时} \\ 0 & \text{当 } b_i < b_j \text{ 时} \end{cases}$$

如果策略组合 $[b_i, b_j]$ 是一个贝叶斯纳什均衡,那么在线性策略均衡中满足:

$$\max_{b_i}[(\alpha v_i - b_i)P\{b_i > a_j + c_j v_j\}]$$

$$= \max_{b_i}\left[(\alpha v_i - b_i)P\left\{v_j < \frac{b_i - a_j}{c_j}\right\}\right]$$

$$= \max_{b_i}\left[(\alpha v_i - b_i)\frac{b_i - a_j}{c_j}\right]$$

其一阶条件为 $b_i = \frac{\alpha v_i + a_j}{2}$。最后的出价是 $b_i(v_i) = \alpha v_i/2$ 说明了越是风险偏好的拍者报价时越可能出高价,而越是风险厌恶的拍者报价越低。

9. 给上一题中的拍卖问题设计一个博弈方说真话的直接机制。

解答提示:

可采用与教材 7.4.2 中相同的设计方法。设直接机制为：

(1) 两投标人同时声明 V_1'、V_2'；

(2) 投标人 i 中标的概率为 $q_i = V_i'/2$，中标的价格为 $p_i = V_i'/\theta$。

然后再找出能够促使博弈方说真话，也就是说真话符合博弈方自身利益的 θ 值。

10. 两户居民同时决定是否维护某合用的设施。如果只要有一户人家维护，两户人家就都能得到 1 单位好处；没有人维护则两户人家均没有好处。设两户人家维护的成本不同，分别为 c_1 和 c_2。

(1) 如果假设 c_1 和 c_2 分别是 0.1 和 0.5，该博弈的纳什均衡是什么？博弈结果会如何？

(2) 如果 c_1 和 c_2 都是独立均匀分布在 $[0,1]$ 上的随机变量，真实水平只有每户人家自己知道，该博弈的贝叶斯纳什均衡是什么？

参考答案：

为了简便起见，先写出该博弈的一般得益矩阵：

		居民 2	
		提供	不提供
居民 1	提供	$1-c_1, 1-c_2$	$1-c_1, 1$
	不提供	$1, 1-c_2$	$0, 0$

(1) 这是完全信息的情况，得益矩阵如下：

		居民 2	
		提供	不提供
居民 1	提供	0.9, 0.5	0.9, 1
	不提供	1, 0.5	0, 0

根据矩阵中的得益情况容易得出该博弈有两个纯策略纳什均

衡(提供,不提供)和(不提供,提供),还有一个混合策略纳什均衡(读者可自己计算一下)。在这几个纳什均衡中第一个的效率是最高的,而且也是所有策略组合中总得益最高的,因此双方都采用这个均衡结果最理想。但因为这时候第一户人家没有实现最大得益,而且相对得益反而比对方差,因此属于能者多劳、吃亏的不合理情况。这种均衡在现实中并不总是很容易实现,除非居民之间能够发展出一种补偿机制给第一户居民合理的补偿。

(2) 对于 c_1 和 c_2 是[0,1]上标准分布的情况,假设居民 1 采用如下的临界值策略:当 $c_1 \leqslant w$ 时采用"提供"策略;当 $c_1 > w$ 时采用"不提供"策略。假设居民 2 采用如下的临界值策略:当 $c_2 \leqslant t$ 时采用"提供"策略;当 $c_2 > t$ 时采用"不提供"策略。此时居民 1 提供的概率是 w,不提供的概率是 $1-w$,厂商 2 提供的概率是 t,不提供的概率是 $1-t$。

从居民 1 的角度来看,选择提供和不提供的期望得益分别为:

$$t \times (1-c_1) + [1-t] \times (1-c_1) = 1-c_1$$

$$t \times 1 + [1-t] \times 0 = t$$

当提供的期望得益大于不提供的期望得益时,居民 1 才会采用提供。也就是 $c_1 < 1-t$ 时会提供,由此得到临界值:$w = 1-t$。

从居民 2 的角度来看,选择提供和不提供的期望得益分别为:

$$w \times (1-c_2) + [1-w] \times (1-c_2) = 1-c_2$$

$$w \times 1 + [1-w] \times 0 = w$$

当提供的期望得益大于不提供的期望得益时,居民 2 才会提供。也就是 $c_2 < 1-w$ 时会提供,由此得到临界值:$t = 1-w$。

结合上述两个临界值公式得,满足 $t+w=1$ 时上述临界值策略组合都是这个博弈的贝叶斯纳什均衡。因此这个博弈有无数的均衡解。

第八章 不完全信息动态博弈

8.1 本章要点

1. 至少部分博弈方没有关于得益全部信息的动态博弈,称"不完全信息动态博弈"或"动态贝叶斯博弈"。不完全信息动态博弈是不完全信息静态博弈的自然延伸。不完全信息静态博弈的海萨尼转换也适用于不完全信息动态博弈。经过海萨尼转换的不完全信息动态博弈与完全但不完美信息动态博弈没有多少差别。事实上,不完全信息动态博弈与完全但不完美信息动态博弈在本质上常常是相同的,往往是对同一个问题的两种不同理解和表达方式。完全但不完美信息动态博弈的完美贝叶斯均衡分析方法,在分析不完全信息动态博弈时常常可以直接应用。

2. 由于不完全信息动态博弈中,前面阶段博弈方的行为常常具有反映、传递信息的作用,因此信息传递是不完全信息动态博弈研究的最主要内容之一。研究的内容包括信息在博弈方之间传递的可能性和条件,信息传递的程度,或者如何设计特定的机制获得更多信息(相当于一种机制设计)等。这些研究分别构成声明博弈、信号博弈和重复信号等博弈模型。

3. 声明博弈是研究没有成本代价的口头声明的信息传递作用,能够有效传递信息的条件等问题的不完全信息动态博弈模型,有离散型声明博弈和连续型声明博弈之分。声明博弈分析的一般结论是,声明方和行为方的偏好、利益比较一致时,声明可以有传递信息的作用,信息传递的充分程度取决于双方偏好和利益的一致程度。声明博弈传递信息的可能性和程度主要通过完美贝叶斯均衡的类型,例如分开均衡还是合并均衡,或者部分合并均衡等反映。声明博弈是信息经济学的重要内容。

4. 人们在社会经济活动中具有信息传递作用的行为可以称为"信号"(signals),通过信号传递信息的过程则称为"信号机制"(signaling mechanism),其中发出信息的一方称为"信号发出方"或"发出方",接受、获得信息的一方称为"信号接收方"或"接收方"。一种行为能形成一种信号机制的关键是有成本代价,而且"品质"不同的发信号方成本代价有差异。

5. "信号博弈"是包含信号机制的两阶段不完全信息动态博弈,是专门研究信号机制作用的标准化博弈模型。信号博弈是一类博弈的总称,许多博弈或信息经济学问题可以归结为此类博弈。信号博弈也可看作声明博弈的一般化,声明博弈可以看作信号博弈的特例。信号博弈的完美贝叶斯均衡分析可以揭示信息的作用、价值和缺乏信息的成本代价等。信号博弈也是现代信息经济学最核心的内容。

6. "股权换投资"是融资者和投资者之间的一种不完全信息信号博弈模型。该模型可以理解为股份公司股票发行定价和股市投资者投资选择之间的博弈问题。这个博弈模型对于理解不完全信息对投资和资源配置效率的影响,对于理解股市运动的某些规律和现象等,都有非常重要的意义,能解释诸如为什么业绩不良企业的"垃圾股票"反而常常成为热门股票等问题的根源。这个博弈模型是不完全信息动态博弈分析在资本市场研究中的经典应用。

7. 斯潘塞(Spence)1973年提出的劳动市场博弈模型,是一个劳动者选择教育,企业选择雇佣和工资的不完全信息博弈模型。这个博弈也是典型的信号博弈模型。该博弈模型把劳动者对教育的选择作为传递劳动者素质信息的信号机制,揭示了教育作为传递劳动者素质信息机制,甄别和筛选劳动力,提高劳动力资源配置效率工具的功能、条件,以及合理利用这种机制的思路和方法等。该博弈模型对于我们认识劳动力市场的规律和教育的功能和教育制度的问题等都有重要意义。

8. 利用试用期获取更多信息的博弈问题称为"重复信号博弈"。现实经济中选择合伙人,聘请法律顾问,体育俱乐部招募新选手,唱片公司与歌手签约等都包含这种博弈。这种博弈利用试用期传递重复的信号,降低随机因素对人们信息识别和判断的影响。这种博弈其实是一种单人博弈,也包含机制设计的成分,对于建立长期合作和雇佣关系,决定建立雇佣关系前试用期的长度等,都有重要的借鉴意义。这种博弈分析的基本结论是试用期通常具有明显的作用,但试用期的长度必须根据具体情况加以确定,最佳试用期长度是延长试用期所增加的边际成本等于边际利益。

9. 不完全信息的劳资博弈是一个在工会不完全了解厂商利润情况的条件下,工会和厂商之间关于工资的讨价还价博弈。这个博弈是完全信息讨价还价模型的扩展。该博弈模型对解释劳资矛盾有一定的作用,同时也给我们研究同类博弈问题提供了参考思路。

8.2 教材习题

1. 为什么口头声明有时能有效传递信息,但另一些时候又不能?

参考答案:

口头声明有时能有效传递信息,而其他时候又不能的原因是,在不同问题中声明方和接受声明方之间的利益关系的一致性、一致程度不同。当声明方和接受声明方的利益比较一致,偏好相同或者相近的行为时,没有成本的口头声明可以不同程度传递信息,但当声明方和接受声明方的利益不一致,偏好相反或相差很大的行为,或者利益和行为没有相关性时,口头声明就不可能有效传递信息,因为后面这种情况下要么双方之间会存在欺骗和怀疑,要么会完全忽略对方所作的声明。

2. 能够传递信息的行为有怎样的特征？信号机制起作用的基本条件是什么？

参考答案：

一般来说,能够传递信息,起信号作用的行为通常需要具有这样的特征：一是这种行为是有成本的；二是不同素质、不同类型发信号者采取同样的行为,也就是发同样信号的成本必须不同。信号机制起作用的基本条件是,具有上述特征能有效传递信息的特定行为或恰当的标准,可以作为获取对象信息,判断对象素质或类型的筛选、识别机制。

3. 对雇员的试用期是否越长越好？为什么？

参考答案：

对雇员的试用期并不是越长越好。因为如果试用期很长,那么一旦试用选手最终被淘汰,往往意味着俱乐部在该选手身上浪费了许多时间和培养费用,也丧失了与其他选手签约的机会,试用的选手也要蒙受较大损失,还可能会要求俱乐部赔偿。因此试用期过长是不科学的,试用期的长度必须根据具体情况加以确定。最佳试用期长度可以根据边际利益等于边际成本的最大利益原则确定,即延长试用期所增加的边际成本,也就是俱乐部在时间和费用上的边际代价或损失,等于延长试用期的边际利益,即每延长单位时间试用期俱乐部期望利益的提高。

第八章 不完全信息动态博弈

4. 找出下列两个扩展形表示的动态贝叶斯博弈各自的全部纯策略纳什均衡、完美贝叶斯均衡。

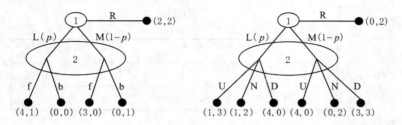

解答提示：

本题可以理解为完全但不完美信息动态博弈，在第六章补充习题中已解答。

5. 说明下图扩展形所示博弈无纯策略完美贝叶斯均衡，找出它的混合策略完美贝叶斯均衡。

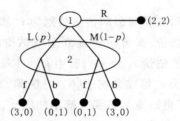

解答提示：

本题也可以理解为完全但不完美信息动态博弈，在第六章补充习题中已解答。

6. 在一个声明博弈中，假设声明方有三种可能的类型。而且出现的可能性相等。再假设声明方的各种类型和行为方的各种行为组合时双方得益如下列得益矩阵所示，其中每个数组的第一个数字为声明方得益,第二个数字为行为方得益。求该博弈的纯策略完美贝叶斯均衡。

		行为方		
		a_1	a_2	a_3
声明方	t_1	0, 1	1, 0	0, 0
	t_2	0, 0	1, 2	0, 0
	t_3	0, 0	1, 0	2, 1

解答提示:

"声明方是 t_1、t_2 类型时都声明自己是 t_2 类型,是 t_3 类型时声明自己是 t_3 类型;行为方听到声明 t_2 类型时判断 t_1 和 t_2 各有 0.5 的概率并采取 a_2,听到声明 t_3 时判断肯定是 t_3 并采取 a_3",构成该博弈的一个部分合并纯策略完美贝叶斯均衡。请读者自己作一些分析推导。

7. 设买方和卖方对交易商品的估价分别为 v_b 和 v_s,但只有卖方有能力独立形成估价,买方没有独立形成估价的能力,买方的估价取决于卖方的估价 $v_b = kv_s$,其中 $k > 1$ 是双方的共同知识。假设卖方的估价 v_s 标准分布于 $[0, 1]$ 区间,真实情况只有卖方自己知道(从而也知道 v_b),买方既不知道 v_s,也不知道 v_b,只知道 v_s 的分布。如果由买方出一个价格 P,然后卖方选择接受或拒绝。问对于 $k < 2$ 和 $k > 2$ 的两种情况,该博弈的完美贝叶斯均衡分别是什么?

参考答案:

本题是一个信号博弈问题。根据问题的假设,我们先找出本博弈的类型空间、信号空间、行为空间如下:

(1) 类型空间。该博弈的类型是卖方对交易商品的估价 v_s,类型空间就是区间 $[0, 1]$,而且博弈方 0 是以相同的概率随机选择类型的。

(2) 信号空间。本博弈的信号是卖方提出的价格 P,信号空间是所有可能取的价格。因为卖方必然不愿吃亏做赔本买卖,也要考虑买方有接受的可能,因此可能的价格属于 $[0, k)$。该区间是本博弈的信号空间。

(3) 行为空间。本博弈的行为是买方对买还是不买的选择,因此本博弈的行为空间有{买,不买}两个元素。

现在找出两博弈方的得益函数。信号博弈中博弈方的得益都是类型、信号和行为的函数。设卖方得益为 u_s,买方得益为 u_b。根据问题的假设有:

$$u_s = \begin{cases} P - v_s & \text{买} \\ 0 & \text{不买} \end{cases}$$

$$u_b = \begin{cases} v_b - P = kv_s - P & \text{买} \\ 0 & \text{不买} \end{cases}$$

仍然用类似逆推归纳的思路,从接收信号的买方的分析和选择开始讨论。假设卖方已经提出了价格 P,而且 $P < 1$,那么买方可以判断卖方的类型 v_s 均匀分布在 $[0, P)$ 区间上,分布密度是 $1/P$。此时买方选择买的期望得益为:

$$Eu_b = \int_0^P (kv_s - P) \frac{1}{P} \mathrm{d}v_s = \frac{k}{2} P - P$$

由于买方不买得益肯定是 0,因此如果 $\frac{k}{2}P - P > 0$,即 $k > 2$,买方会选择买;如果 $\frac{k}{2}P - P < 0$,即 $k < 2$,买方应该选择不买。

如果卖方提出的价格 $P \geq 1$,那么买方会判断卖方的类型 v_s 均匀分布在 $[0, 1]$ 上,分布密度是 1。此时买方选择买的期望得益为:

$$Eu_b = \int_0^1 (kv_s - P)\mathrm{d}v_s = \frac{k}{2} - P$$

同样由于买方不买的得益是 0,因此如果现在 $\frac{k}{2} - P > 0$,即 $k > 2P$(或 $P < k/2$),买方该选择买;如果 $\frac{k}{2} - P < 0$,即 $k < 2P$(或 $P > k/2$),买方该选择不买。$k > 2P$ 和 $P > 1$ 同时成立意味着 $k > 2$,因此 $k > 2$ 也是 $P > 1$ 时买方买的基本条件。

现在回到第一阶段发信号的卖方对价格的选择。如果 $k < 2$,那么由于不管卖方出什么价买方实际上都不会买,因此卖方可以干脆报一个很高的价,如 k。这时候双方的均衡策略就是 $P = k$ 和不买,买方的判断是卖方类型 v_s 均匀分布在 $[0,1]$ 上。这是一个市场完全失败类型的合并完美贝叶斯均衡。

如果 $k > 2$,那么当 $P < 1$ 时买方肯定会买,当 $P > 1$ 时只要 $P < k/2$ 也会买。由于在能够成交的前提下,卖方的利益是与成交价格 P 成正比的,因此卖方应选择尽可能大的 P。因为 $\frac{k}{2} > 1$ 肯定成立,因此卖方的最佳选择是报一个尽可能接近 $\frac{k}{2}$ 的价格。这时候双方的均衡策略是 $P \to \frac{k}{2}$ 和买,买方的判断仍然是卖方的类型 v_s 均匀分布在 $[0,1]$ 上。这是一个市场部分成功的合并完美贝叶斯均衡。

8.3 补充习题

1. 判断下列论述是否正确,并作简单讨论。

(1) 古玩市场的交易中买卖双方的后悔都来自于自己对古玩价值判断的失误,若预先对价值的判断是正确的,那么交易者肯定不会后悔。
(2) 只要声明方和行为方的利益不是对立的,那么口头声明肯定能传递一些信息。
(3) 如果在声明博弈中,声明方的类型连续分布在某个闭区间上时,分区间的部分合并完美贝叶斯均衡能达到的区间数越多,声明的信息传递作用越强。
(4) 教育程度在劳动力市场招聘员工时受到重视的理由是,经济学已经证明教育对于提高劳动力素质有不可替代的作用。
(5) 不完全信息动态博弈分析的基本方法也是逆推归纳法。
(6) 运用海萨尼转换以后,不完全信息动态博弈与完全但不完美信息动态博弈基本上是相同的。

参考答案:

(1) 错误。即使自己对古玩价值的判断是完全正确的,仍然有可能后悔。因为古玩交易的价格和利益不仅取决于古玩的实际价值和自己的估价,还取决于对方的估价和愿意接受的成交价格,因此仅仅自己作出正确的估价并不等于实现了最大的潜在利益。

(2) 错误。即使声明方和行为方的利益之间没有对立关系,也不一定能通过口头声明传递信息。因为有时可能声明方的类型对行为方利益无关,或者行为方的行为对声明方的利益无关,在这些情况下口头声明也不能传递信息。

(3) 正确。这正是连续型声明博弈模型信息传递的基本机制。

(4) 错误。事实上经济学并没有证明教育对于提高劳动力素质有不可替代的作用。此外,我们之所以认为教育对劳动力市场招聘员工有重要参考价值,是因为教育除了(很可能)对提高劳动力素质有作用以外,还具有重要的信号机制的作用。也就是说,即使教育并不能提高劳动力素质,往往也可以反映劳动力的素质。

(5) 错误。其实逆推归纳法在不完全信息动态博弈中常常无法直接运用。因为这种博弈的基本均衡概念是完美贝叶斯均衡，其中的判断与博弈方的策略选择有关，与策略的确定常常是交叉在一起的，因此无法从最后一阶段开始直接确定博弈方的策略选择。

(6) 正确。事实上，不完全信息动态博弈与完全但不完美信息动态博弈本质上常常是相同的，是一种博弈问题的两种不同理解方法，而把它们联系起来的桥梁就是海萨尼转换。

2. 两寡头古诺产量竞争模型中厂商 i 的利润函数为 $\pi_i = q_i(t_i - q_j - q_i)$，$i = 1, 2$。若 $t_1 = 1$ 是两个厂商的共同知识，而 t_2 则是厂商 2 的私人信息，厂商 1 只知道 $t_2 = 3/4$ 或 $5/4$，且 t_2 取这两个值的概率相等。若厂商 2 先选择产量，然后厂商 1 再选择产量，请找出该博弈的纯策略贝叶斯均衡。

解答提示：

本题是在上一章补充习题 5 中把两个厂商同时选择产量改成先后选择。本博弈表面上是一个信号博弈模型，但实际上由于后行为的厂商 1 的利益不受厂商 2 的类型 t_2 影响，因此可以直接用逆推归纳法进行分析。

参考答案：

由于后选择的厂商 1 的利润只受先选择的厂商 2 产量的影响，而不受其参数类型的影响，因此我们可以根据逆推归纳法直接分析第二阶段厂商 1 的选择。假设厂商 2 在第一阶段选择的产量是 q_2，那么厂商 1 选择 q_1 的利润为：

$$\pi_1 = q_1(1 - q_1 - q_2)$$

厂商 1 最符合自身利益的产量满足：

$$1 - 2q_1 - q_2 = 0$$

即厂商 1 有反应函数：

$$q_1 = \frac{1-q_2}{2}$$

现在再回到第一阶段厂商 2 的选择。如果 $t_2 = 3/4$，那么此时厂商 2 的利润函数是：

$$\pi_2 = q_2\left(\frac{3}{4} - q_1 - q_2\right)$$

把厂商 1 的上述反应函数代入该函数可得：

$$\pi_2 = q_2\left(\frac{3}{4} - q_1 - q_2\right)$$
$$= q_2\left(\frac{1}{4} - \frac{q_2}{2}\right)$$

因此厂商 2 最符合自己利益的产量满足：

$$\frac{1}{4} - q_2 = 0$$

也就是 $q_2 = 1/4$。再把 $q_2 = 1/4$ 代入厂商 1 的反应函数可得：

$$q_1 = \frac{1-q_2}{2} = \frac{3}{8}$$

如果 $t_2 = 5/4$，那么此时厂商 2 的利润函数是：

$$\pi_2 = q_2\left(\frac{5}{4} - q_1 - q_2\right)$$

把厂商 1 的上述反应函数代入该函数可得：

$$\pi_2 = q_2\left(\frac{5}{4} - q_1 - q_2\right)$$
$$= q_2\left(\frac{3}{4} - \frac{q_2}{2}\right)$$

因此厂商 2 最符合自己利益的产量满足：

$$\frac{3}{4} - q_2 = 0$$

也就是 $q_2 = 3/4$。再把 $q_2 = 3/4$ 代入厂商 1 的反应函数可得：

$$q_1 = \frac{1-q_2}{2} = \frac{1}{8}$$

综合上述分析我们可以得出结论,本博弈中当 $t_2 = 3/4$ 时均衡是厂商 1 生产 3/8,厂商 2 生产 1/4,当 $t_2 = 5/4$ 时均衡则是厂商 1 生产 1/8,厂商 2 生产 3/4。上述均衡与类型的概率分布无关。

3. 假如某商品的确切价值是 100,这只有卖方知道,你作为买方只知道该商品的价值标准分布于 [80,110] 上。假设由于属于积压货和需要回笼资金,因此卖方对该商品的主观价值评价是在客观价值上打 7 折,而且这一点你也知道。如果交易价格由卖方提出,你只能选择是否接受,问该博弈中卖方和你的合理策略各是什么？

解答提示：

本题与本章教材习题 7 本质上是相似的,可看作教材习题 7 的数字化例子。本题的表达方式对于理解教材习题 7 的现实意义也有好处。

参考答案：

首先把这个信号博弈的基本情况明确一下:在这个信号博弈中,类型是商品的客观价值,我们记为 V,类型空间是 [80, 110]。本博弈的信号发出方是卖方,信号是卖方提出的价格,记为 P,由于卖方的主观价值评价只有客观价值的 7 折,而且要考虑能够卖得出去,因此信号空间是 [56, 110]。本博弈的信号接收方是买方,信号接收方的行为空间仍然只有两个元素,即{接受,不接受}。如果双方以价格 P 成交,那么买方的利益是 $V-P$,卖方的利益是 $P-0.7V$。

我们仍然用类似逆推归纳法的方法进行分析。首先可以肯定的是,由于买方并不知道该商品的确切价值 100,因此卖方提的价格不一定以它为基础,而且即使以它为基础买方也不一定相信。所以我们仍然假设卖方提出的价格是信号空间中任意可能的 P。如果看到的这个信号 $P<77$,那么买方可以判断类型 V 标准分布于 $[80, P/0.7]$,买方如果接受价格,期望得益为

$$Eu_1 = \int_{80}^{P/0.7} (V-P) \frac{1}{\frac{P}{0.7}-80} dV$$

$$= 40 + \frac{P}{1.4} - P = 40 - \frac{2P}{7}。$$

因为不接受价格的得益为 0,因此当 $40 - \frac{2P}{7} > 0$,也就是 $P<140$ 时,买方都会接受。由于推导出买方策略的前提是 $P<77$,因此这等于说 $P<77$ 时买方都会选择买,$P>77$ 时的情况需要另外分析。

如果买方看到的信号 $P>77$,那么买方只能判断类型 V 标准分布于 $[80, 110]$,买方如果接受价格,则期望得益为

$$Eu_2 = \int_{80}^{110} (V-P) \frac{1}{30} dV$$
$$= 95 - P$$

因为不接受价格的得益为 0,因此当 $95 - P > 0$,也就是 $P<95$ 时,买方都会接受。结合前提得 $77<P<95$ 时买方会接受价格购买。

有了上述对买方选择的分析,不难确定卖方的最优选择。因

为卖方的利益要求尽可能提高卖价,而在模型假设下卖方能够卖出去的最高价格不超过 95,而且卖方知道商品的实际价值为 100,对他(或她)自己来说价值是 $0.7 \times 100 = 70$,因此卖方的最佳选择是提出一个接近 95,例如 94.8 的价格,买方接受是本博弈中双方最合理的选择。

4. 厂商 A 面临着一个潜在竞争者厂商 B,如果厂商 B 进入该市场则厂商 A 既可以打击也可以容忍。设厂商 B 不进入市场厂商 A 的利润是 3/4,如果厂商 B 进入厂商 A 容忍则厂商 B 独享 1 单位利润,如果厂商 B 进入厂商 A 打击则有两种可能性:二者得益为 $(1/2,-1)$ 的概率为 x,得益为 $(-1,-1)$ 的概率是 $1-x$。请问该博弈的均衡是什么?

参考答案:

如果把结果的不确定性作为自然(博弈方 0)的随机选择引进博弈,则该博弈的扩展形表示如下(其中第一个数字是厂商 B 得益,第二个数字是厂商 A 得益):

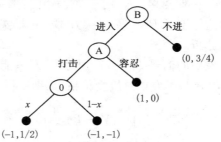

为了简单起见,我们先计算出厂商 B 进入而厂商 A 打击时双方的期望得益:厂商 A 的期望得益为 $x \cdot \frac{1}{2} + (1-x) \cdot (-1) = \frac{3x}{2} - 1$,厂商 B 的期望得益为 -1。

根据逆推归纳法先分析第二阶段厂商 A 的选择。由于厂

A 在第二阶段打击的期望得益是 $\frac{3x}{2}-1$,容忍的得益是 0,因此当 $\frac{3x}{2}-1>0$,也就是 $x>\frac{2}{3}$ 时厂商 A 肯定会选择打击,而在 $\frac{3x}{2}-1<0$,也就是 $x<\frac{2}{3}$ 时厂商 A 应该选择容忍。

厂商 B 知道厂商 A 的这种选择思路,因此在 $x>\frac{2}{3}$ 的情况下,因为进入被打击的得益小于不进的得益($-1<0$),应该选择不进;在 $x<\frac{2}{3}$ 时进入被容忍的得益大于不进的得益($1>0$),应该选择进入。

因此该博弈的均衡有几种可能性:当 $x>\frac{2}{3}$ 时是"厂商 B 不进,厂商 A 打击",双方得益(0,3/4);当 $x<\frac{2}{3}$ 时是"厂商 B 进入,厂商 A 容忍",双方得益(1,0);此外在 $x=\frac{2}{3}$ 时实际上还有一个混合策略纳什均衡。这个混合策略纳什均衡读者可自行分析一下。

5. **市场进入博弈中,企业 1 选择是否进入,企业 2 选择打击还是容忍。假定企业 2 的成本有高低两种可能(C_H 或 C_L),真实成本是企业 2 的私人信息,企业 1 只知道前者的概率是 θ,后者的概率是 $1-\theta$。假设对应企业 2 的两种成本,双方博弈的得益如下列矩阵中所示。请找出企业 1 的最优策略。**

		企业 2	
		容忍	打击
企业 1	进入	40,60	−20,0
	不进	0,200	0,200

(成本 C_H)

		企业 2	
		容忍	打击
企业 1	进入	30,90	−20,130
	不进	0,300	0,300

(成本 C_L)

解答提示：

本博弈与上一题的差异在于，先占有市场的企业 2 在选择是否打击之前对打击的后果完全清楚，不像上一题中那样有不确定性，因此分析方法也有差别。

参考答案：

本题中由于有完全信息的企业 2 后选择，因此我们可以分不同的情况直接用逆推归纳法分析，也就是先分析企业 1 进入后企业 2 打击还是容忍的选择。

假设企业 2 属于高成本 C_H 的情况，这时候容忍得益为 60，打击得益为 0，因此企业 2 的当然选择是容忍。如果企业 2 属于低成本 C_L 的情况，那么容忍得益 90，打击得益 130，选择打击是正确的。

现在再回到企业 1 第一阶段对是否进入的选择。企业 1 清楚企业 2 在两种不同成本情况下的上述选择，但不清楚企业 2 究竟是哪种成本，因此他（或她）只能根据企业 2 两种成本的概率计算自己进入的期望得益。根据企业 2 成本为 C_H 和 C_L 的概率分布 θ 和 $1-\theta$，企业 1 第一阶段选择进入的期望得益为 $[40\theta+(-20)\times(1-\theta)]=60\theta-20$。因为企业 1 不进的得益是 0，因此对于风险中性的企业 1 来说，当 $60\theta-20>0$，也就是 $\theta>1/3$ 时，应该进入，$\theta<1/3$ 时则不能进入，$\theta=1/3$ 则进入和不进入都可以。这就是企业 1 在该博弈中的最佳选择。

结合上述两阶段分析，可知在该博弈中，企业 1 在 $\theta>1/3$ 时进入，否则不进入，而企业 2 则高成本时容忍，低成本时打击，是该博弈的均衡结果。

6. 在某一垄断市场本来只有厂商 A，长期中垄断利润的现值是 1 000 万。现有一厂商 B 进入市场，厂商 B 的成本可能有两种情况：$C_H=300$ 万元和 $C_L=200$ 万元，但 A 不了解厂商 B 的真实成本。假设 A 厂商为了避免价格竞争决定收购厂商 B，有两种方案可以考虑:(1) 收购价 200 万元,并让厂商 B 分享 10% 的长期垄断利润;(2) 不支付现金只让厂商 B 分享 15% 的长期利润。如果厂商 B 接受则企业会被关闭,不接受则与厂商 A 进行竞争,双方各获取 400 万元利润,但厂商 B 要继续支付成本。请问厂商 A 判断厂商 B 高成本的可能性多大时会选择方案(1)?

解答提示:

该博弈中首先是由厂商 A 选择出价,然后由厂商 B 选择是否接受,但因为厂商 B 的成本有两种情况,因此双方博弈的得益也有两种情况,厂商 A 事先不能确定,因此属于厂商 A 有不完全信息的不完全信息动态博弈。如果引进一个在厂商 A 选择方案前选择厂商 B 成本类型的自然博弈方,那么就转化成了一个三阶段完全但不完美信息动态博弈。题目要求回答的问题实际上就是自然博弈方选择的概率分布是什么时,厂商 A 选择方案(1)构成该博弈的完美贝叶斯均衡。可以先假设 C_H 和 C_L 的概率分布,然后通过完美贝叶斯均衡分析得出结论。

参考答案:

由于厂商 B 被收购后被关闭,不再创造利润也不再发生成本,因此厂商 B 成本的两种不同情况下双方博弈的得益如下列两个得益矩阵中所示:

	厂商 B 接受	厂商 B 拒绝
厂商 A 方案 1	500, 300	400, 100
厂商 A 方案 2	650, 150	400, 100

(成本 C_H)

	厂商 B 接受	厂商 B 拒绝
厂商 A 方案 1	500, 300	400, 200
厂商 A 方案 2	650, 150	400, 200

(成本 C_L)

先分析厂商 B 第二阶段的选择。根据上述两个得益矩阵很容易判断,如果厂商 B 的成本是高成本,那么不管厂商 A 提出的收购方案是哪一个,厂商 B 都会接受,但如果厂商 B 的成本是低成本,那么只会接受方案(1),而不可能接受方案(2)。

厂商 A 清楚厂商 B 的上述策略,因此如果假设 C_H 的概率是 θ,那么厂商 A 选择方案(1)的得益是确定性的 500,而选择方案(2)的得益是有不确定性的期望得益 $650\theta + 400(1-\theta) = 250\theta + 400$。只有当 $500 > 250\theta + 400$,也就是 $\theta < 0.4$ 的情况下,厂商 A 选择代价比较高的方案(1)才是合理的,构成完美贝叶斯均衡。因此本题的答案是厂商 A 判断厂商 B 高成本概率不大于 40% 时会选择比较保险的方案(1)。

7. 如果在上一题中厂商 A 收购成功厂商 B 后会运用厂商 B 的生产能力,而且保证能使长期中垄断利润的现在值提高 300 万元,问厂商 A 在怎样的情况下才会采用方案(1)?如果上一题中厂商 B 高成本时双方竞争利润比例是厂商 A 占 600 万元,厂商 B 占 200 万元,而在厂商 B 低成本时才是各 400 万元,结果又会怎样?

解答提示:

同样先把不同情况下两厂商的得益计算出来。注意第一种情况厂商 A 收购后运用厂商 B 的生产能力有成本,而且增加的利润也要让厂商 B 分享。

8. 假设在一个经济案件中,原告清楚上法庭自己是否能赢,而且这一点是原被告双方的共同知识,而被告不清楚谁会赢,只知道原告赢的可能性是 1/3。再假设原告胜诉时净利益为 3,被告净利益为 −4,原告败诉时净利益为 −1,被告净利益为 0。如果原告在起诉之前可以先要求被告赔偿 $M = 1$ 或 $M = 2$ 和解,被告接受就不上法庭,拒绝则上法庭。请用扩展形表示该博弈,并找出该博弈的均衡。

参考答案:

如果增加自然对原告上法庭是否会赢的随机选择的第一阶

段,该博弈就转化成了与双价二手车交易模型相似的完全但不完美信息动态博弈。此时博弈的扩展形如下:

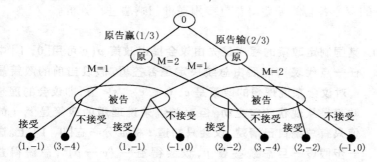

首先根据上述得益情况容易看出,因为原告采用 M = 2 是相对于 M = 1 的上策,因此原告不管自己上法庭是会赢还是会输,都要求 M = 2。

原告的上述策略被告也可以分析出来,因此被告在看到 M = 2 时的判断应该是原告能赢的概率是 1/3,即 p(原告赢 | M = 2) = 1/3,p(原告输 | M = 2) = 2/3。

根据上述判断,被告接受原告的提议有得益 −2,而不接受提议则有期望得益 $1/3 \times (-4) + 2/3 \times 0 = -4/3 > -2$,因此被告拒绝接受和解提议是满足理性要求的策略选择。

综合上述分析可以得出结论,在该博弈中"原告不管上法庭自己会赢还是会输都要求 M = 2;而被告在原告要求 M = 2 时判断原告只有 1/3 的机会会赢,在对方要求 M = 1 时判断对方肯定会输;被告不管对方提出的和解要求是 M = 1 还是 M = 2 都不接受",构成本博弈的一个合并纯策略完美贝叶斯均衡。

9. 如果上一题改为原告对上法庭的结果也只有与被告相同的概率判断。问这时候博弈的扩展形和均衡将如何变化?

解答提示:

在这种情况下,原告的信息也不完全,其选择信息集也是多节点的。此时原告的选择不影响被告的概率判断,可根据不确定性下的双方各自的期望得益直接用逆推归纳法进行分析。

10. 某国制定政策的程序是先由议会提出政策 p(p 可用[0, 1]中任一点代表),然后由总统决定是否签署。假设当前的政策是 s,对议会来说理想的政策是 c,$0 < c < s < 1$,即议会的理想政策是从现状向左变动。但对总统来说理想的政策是 t,t 的值只有总统自己清楚,议会只知道 t 标准分布在[0, 1]上。进一步假设一旦总统签署 p,议会得益 $-(c-p)^2$,总统得益 $-(t-p)^2$。而如果 p 被总统否决,就维持原政策不变,此时议会和总统分别得益 $-(c-s)^2$ 和 $-(t-s)^2$。请找出该博弈的完美贝叶斯均衡。

参考答案:

因为有完全信息的总统的选择在后,因此可以直接用逆推归纳法进行分析。我们先分析在议会提出政策 p 以后总统的选择。对于总统来说,其实选择是比较简单的,因为他(或她)只有签署和否决两种选择,签署得益 $-(t-p)^2$,否决得益 $-(t-s)^2$,因此如果 $-(t-p)^2 > -(t-s)^2$,会选择签署,反过来则选择否决,因此议会提出的政策 p 得以执行的条件是 $|t-p| < |t-s|$。因为 $c < s$,因此议会不会愿意提出大于 s 的 p,可以肯定 $0 < p < s$ 肯定成立。综上只有在 $t > \dfrac{p+s}{2}$ 时总统才会愿意签署 p($0 < p < s$)(注意 $\dfrac{p+s}{2} < 1$ 肯定成立)。由于 t 均匀分布在[0, 1]上,因此议会提出的政策 p($p < s$)被批准的概率是 $1 - \dfrac{p+s}{2}$,被拒绝的概率为 $\dfrac{p+s}{2}$。

现在回到第一阶段议会的选择。根据上述政策被批准的概率,可以计算出议会的期望得益是 $-(c-p)^2 \times \left(1-\dfrac{p+s}{2}\right)+[-(c-s)^2] \times \dfrac{p+s}{2}$。通过一阶条件就可以求出实现该期望得益最大化的最佳政策 p(是 c 和 s 的函数)。

本博弈的完美贝叶斯均衡是议会采用上述最佳政策,总统则根据议会提出的政策和自己的政策偏好是否满足 $t > \dfrac{p+s}{2}$ 决定是否签署。

11. 如果上一题中议会的偏好的政策 c 总是比总统偏好的政策 t 小 1/3,对此双方都是知道的。再假设总统可以在议会提出政策之前,通过在议会发表演说等方法向议会传递关于自己立场的信息。问总统可以传递怎样的信息?如果 c 只是比 t 小 1/20 呢?

参考答案:

现在的博弈问题类似于 8.2.2 连续型声明博弈。如果直接借鉴 8.2.2 连续型声明博弈的结论,可知当议会和总统的政策差为 1/3,实际上总统根本不可能传递信息。

当议会和总统的政策差为 1/20 时,总统最多能够把政策区间 $[0,1]$ 分为不大于 $[1+\sqrt{1+40}]/2$ 的整数,也就是不多于 3 个区间,传递自己偏好的政策所处区域的信息。读者可参照教材相关内容自行划分声明区间,并构造部分合并完美贝叶斯均衡。

12. 假设你是一家软件公司的人事经理,需要为公司招聘 10 名软件开发人员。如果运用博弈论和信息经济学的思想和原理考虑,你的招聘计划中应该包括哪些要点?可以向相关部门和

上级作哪些重要建议？

解答提示：

根据博弈论和信息经济学的思想和原理，在此类招聘工作中最重要的工作应该包括下列这几个方面。

1. 在对此类人才市场供求情况调查了解的基础上，设计出以信号机制、信号博弈模型为核心的筛选、招聘机制、方式，例如考试内容、工作经验或学历要求等。

2. 设计和运用合理的试用人员比例和试用期，对聘用人员作进一步的考察和筛选，以进一步提高招聘人才的准确性和效率。

3. 设计和运用有效的薪酬制度，以激励聘用人员的工作积极性，最大限度为公司创造利益。

上述几方面都可以根据具体情况深入和细化，并得出应该向相关部门和上级提出的各种建议。

图书在版编目(CIP)数据

经济博弈论习题指南/谢识予主编. —上海：复旦大学出版社，2003.1（2023.8 重印）
（博学·广告学）
ISBN 978-7-309-03514-8

Ⅰ. 经… Ⅱ. 谢… Ⅲ. 对策论-应用-经济-习题 Ⅳ. F224.32-44

中国版本图书馆 CIP 数据核字（2002）第 103824 号

经济博弈论习题指南
谢识予　主编
责任编辑/李　华

复旦大学出版社有限公司出版发行
上海市国权路 579 号　邮编：200433
网址：fupnet@fudanpress.com　　http://www.fudanpress.com
门市零售：86-21-65102580　　团体订购：86-21-65104505
出版部电话：86-21-65642845
上海新艺印刷有限公司

开本 787×1092　1/16　印张 12.75　字数 165 千
2023 年 8 月第 1 版第 13 次印刷
印数 30 601—31 700

ISBN 978-7-309-03514-8/F·767
定价：24.00 元

如有印装质量问题，请向复旦大学出版社有限公司出版部调换。
版权所有　　侵权必究